Lost & Dark Places
Allgäu & Oberschwaben

Burg Fluhenstein – ruinierte Ruine (Kapitel 29)

Benedikt Grimmler

Lost & Dark Places
ALLGÄU UND OBERSCHWABEN

33 vergessene, verlassene und unheimliche Orte

BRUCKMANN

↑ Hallberger Haus – erholungsbedürftig (Kapitel 3)
↓ Kloster Löwental – Räumungsverkauf (Kapitel 6)
↘ Beginenhaus Kempten – zähe Rettungsversuche (Kapitel 10)

INHALT

↑ Lohren bei Aulendorf – Bauernsterben (Kapitel 21)
↗ Neuravensburg – Schweizer Stadt im Allgäu (Kapitel 22)

VORWORT

Das Allgäu gehört zu den beliebtesten Urlaubsregionen Deutschlands und gemeinsam mit der Nachbarregion Oberschwaben und mit dem Bodensee im Süden erhöht sich die Attraktivität nur umso mehr. Während als Oberschwaben nur der baden-württembergische Teil südlich von Ulm bis Friedrichshafen gilt, überschreitet das Allgäu Grenzen. Leutkirch liegt definitiv genauso im Allgäu wie Kempten, ansonsten fransen die Grenzen vor allem zum Norden hin etwas aus, aber darüber mögen andere streiten. In jedem Fall hat der anreisende Besucher – und wohl auch der Bewohner – eine genaue Vorstellung des Allgäus und von Oberschwaben: eine hügelige Landschaft vor Bergkulisse, darin Kühe und Seen, Klöster und Gasthäuser, freundliche Menschen mit teils schwer verständlichen Dialekten und viele Genussmöglichkeiten, von Käse über Milch bis hin zu Bier.

Im Normalfall reist man also nicht unbedingt an, um sich kaputte Fabriken, stillgelegte Bahnstrecken, verlassene Hotels oder Hinrichtungsorte anzusehen. Verständlich, aber ein Fehler. Und auch gerade die Prägung als Urlaubsregion hat in der Landschaft zahlreiche Lost Places hinterlassen. Schon in frühesten Zeiten lockten Bäder die Menschen hierher, sprudelnde Quellen versprachen Ge-

Gutbürgerlich begraben:
der Alte Friedhof in Memmingen (Kapitel 16)

sundung durch Kur. Doch auch eine bis in die Jahrhunderte gehende Tradition schützt leider nicht vor dem Verfall, vor allem, wenn die Quellen versiegen oder zumindest an Bekanntheit verlieren, siehe Baienfurt (2) oder Dankelsried (6). Ähnlich erging es so manchem Gasthof mit langer Geschichte, weder schöne Namen noch eine gute Lage verhinderten die Pleite oder das Ausbleiben neuer Pächter (31). In der Nachkriegszeit, als wieder Geld vorhanden war, aber noch nicht so üppig, um gleich bis in den weit entfernten Süden zu reisen, begnügte man sich mit dem heimischen Süden und damit wurden Feriendörfer (27) attraktiv. Ein dunkles Nebenkapitel sind die ebenfalls aus jener Zeit stammenden Kinderverschickungen (3), beide Konzepte sind größtenteils passé, ihre baulichen Hinterlassenschaften finden sich dagegen noch immer.
Wer nicht gerade ins Feriendorf wollte, der gönnte sich stattdessen den immer noch beliebten Urlaub auf dem Bauernhof. Das war ein willkommener Nebenverdienst für die Einheimischen, deren Leben als Landwirte besonders in früheren Tagen wenig mit der Kitschromantik von Landlustzeitschriften zu tun hatte. Dass es bis heute noch immer alles andere als einfach ist, zeigen verfallene Höfe (21, 26), die sich zwischen schmucken Bauernhäusern und modernisierten Viehbetrieben finden.
Die Sommerfrischler der Jahrhundertwende um 1900 waren auch ein Grund, warum es nach den ersten Erschließungen durch Hauptlinien wie der Südbahn (»Schwäb'sche Eisen-

bahn«) und der Ludwig-Nord-Süd-Bahn vom Bodensee nach Stuttgart bzw. Hof zu einem regelrechten Boom an kleinen Nebenbähnchen kam, die selbst hoch gelegene Voralpendörfer wie Weiler im Allgäu oder Lindenberg an die große weite Welt anschlossen. Überlebt hat von diesen zahlreichen Verbindungen, die oft Stichstrecken waren, so gut wie keine, egal ob im Ober- oder Unterland. Den Sparmaßnahmen der Bahn fielen selbst Pioniertaten wie in Tettnang (15) oder Knotenpunkte wie Isny (8) zum Opfer. Von ihnen blieben oft nur vereinsamte Brücken mit viel Rost, heruntergekommene Bahnhöfe ohne Gleise oder Bahndämme, die – immerhin – noch als Radwege dienen.

Die zweite Hoffnung, die auf der Erschließung durch die Bahn ruhte, galt der besseren wirtschaftlichen Anbindung. Denn das Allgäu und Oberschwaben lagen nach der Neuordnung durch Napoleon plötzlich in Großstaaten, den Königreichen Württemberg und Bayern – allerdings in beiden Fällen eher am Rande. Mit der Ansiedlung von Industrie bot sich zudem vielen Tagelöhnern, Mägden und Knechten ein Ausweg aus der bäuerlichen Abhängigkeit, dazu ein vielleicht nicht üppiger, aber dauerhafter Lohn. Wer ein attraktiver Unternehmer der Gründerzeit sein wollte, der bot seinen Arbeitern zusätzliche Lockmittel, etwa Wohnsiedlungen oder Kinderbetreuung. Für viele Jahrzehnte ging diese Rechnung auf, doch die einst blühenden Gewerbe der Region, zum Beispiel Papier (20) oder Textil (32), gerieten Ende des 20. Jahrhunderts in die Krise. Von ihren besten Zeiten zeugen einige Fabrikruinen.

Einst ein stattliches Gehöft: Lohren bei Aulendorf (21)

Und dann sind da noch die Bewohner. Gastfreundlich, dem Genuss nicht abgeneigt, barock, es herrscht eine katholische Prägung vor, so das vorherrschende Bild. Aber darunter lauern auch noch manche archaische Züge, manchmal gerade noch so im kirchlichen Rahmen, manchmal selbst diesen verlassend. Die Hexenverfolgungen sind glücklicherweise vorbei, doch sie wüteten jahrhundertelang recht grausam im Allgäu, oft verbunden mit überholten Vorstellungen aus uralten Zeiten (12, 24). Heimgesucht wurde die Region allerdings auch von nicht menschengemachten Übeln, wovon die zahlreichen noch vorhandenen, meist geisterhaft leeren abgelegenen Pestfriedhöfe zeugen (19). Statt Almabtrieb und Rutenfest, Nebelhornbahn und Kneippkur begegnen uns in diesem Buch neben all den genannten Lost Places noch verschwundene Klöster, kopflose Ritter, ausgelagerte Aussätzige, untergegangene Städte, reuige Totschläger, hübsche Gefängnisse und hässliche Hochhäuser … und und und. Alles vielleicht auf den ersten Blick nicht unbedingt klassische Urlaubsziele – aber dafür alle garantiert verbunden mit spannenden Geschichten.

Ausgesiedelt:
Bauernhaus in Scheffau (26)

VERHALTENSREGELN FÜR LOST PLACES

1. Behandeln Sie die Orte mit Respekt

Jedes Bauwerk und jedes Gebäude erzählt eine Geschichte aus vergangenen Tagen. Dies gilt es zu schützen. Und auch wenn es nicht immer so aussieht, hat jeder Lost Place einen Eigentümer. Dies ist zu respektieren und Zuwiderhandlungen können ernsthafte rechtliche Konsequenzen haben. Betreten Sie keine Gebäude oder Grundstücke unbefugt, zerstören oder beschädigen Sie nichts, öffnen Sie nichts gewaltsam. Sind Fenster oder Türen verschlossen, soll das auch so bleiben. Dieses Buch ist so konzipiert, dass Sie viele der Orte frei oder auf Nachfrage betreten dürfen (Burgruinen etc.) oder, falls dies nicht offiziell erlaubt ist, die Orte auch »mit Abstand« erfahren und genießen können.

2. Nehmen Sie nichts mit, lassen Sie nichts da

Wenn Sie etwas von einem Lost Place mitnehmen, und sei es noch so klein, ist es Diebstahl. Wie bereits in Punkt 1 gesagt, alle diese Orte haben einen Eigentümer. Daher gilt die Regel: Alles bleibt, wie es ist. Belassen Sie es bei den schönen Einblicken und Fotos, die Sie an dem Ort machen. Das bedeutet auch: Lassen Sie nichts zurück,

Nächster Halt Nirgendwo:
Bahngleise in Meckenbeuren (Kapitel 15)

keine Essensreste, keine Kaugummis, keine Zigarettenkippen.

3. Rauchen verboten

Das bringt uns zum nächsten Punkt: Rauchen verboten. Zollen Sie dem ehrwürdigen Ort Respekt und verzichten Sie für die Zeit, die Sie da sind, aufs Rauchen. Zigarettenkippen brauchen nicht nur 15 Jahre zum Verrotten (sie sollten übrigens nirgends achtlos weggeworfen werden), sondern können schnell ein verheerendes Feuer verursachen.

4. Keine Graffiti

Dass Sie nichts hinterlassen sollen, gilt auch für »Kunstwerke« an den Wänden. Lassen Sie Wände und Mauern, wie sie sind. Auch die Menschen nach Ihnen sollen den Ort so erleben können, wie er früher einmal war.

5. Seien Sie vorsichtig und gehen Sie nicht allein

Besonders wichtig: Vorsicht ist besser als Nachsicht. Das gilt vor allem bei Lost Places. Brüchige Mauern, frühere Keller, herumliegende Überreste oder auch Müll, aber auch natürliche Gegebenheiten (Bodenlöcher, Höhlen) bergen einige Gefahren. Zudem liegen manche der Objekte recht einsam. Deshalb ist es ratsam, immer mindestens zu zweit, besser noch zu dritt einen Lost Place zu besuchen. Da gilt die alte Regel: Ist eine Person verletzt, bleibt die zweite vor Ort und die dritte holt Hilfe. Zudem weiß man nie, wen man vor Ort trifft. Plünderer, Spinner oder Betrunkene sind auch oft rund um Lost Places anzutreffen. Da ist es beruhigender, nicht allein unterwegs zu sein.

Unschöne Scheune:
Verlassener Hof in Scheffau (Kapitel 26)

Schwäbische Gardinen: der Lohrenhof (Kapitel 21)

1

UNTER WALDBRÜDERN

Das Mini-Kloster Argenhardt

Im Wald bei Tettnang bildeten sich früh kleine Zellen frei zusammenlebender Mönche. Irgendwann gerieten sie in gegenseitige Abhängigkeit, was ihnen nicht unbedingt guttat. Heute sind sie fast komplett verschwunden.

Argenhardt (Stadt Tettnang), Bodenseekreis (FN), BW **Ort** Argenhardt 1, 88069 Tettnang **GPS** 47.647881, 9.605722 **Anfahrt** Zug: Bahnhof Meckenbeuren (RE Lindau-Stuttgart, RB Friedrichshafen-Aulendorf) Auto: A96, Ausfahrt Sigmarszell

Argenhardt: Nur Experten erkennen im einsamen Gehöft noch Reste des Klosters.

RÜCKZUG IN DEN WALD Über die Gründe, die den Pfarrer Marquard, genannt der Schulmeister, 1355 bewogen, mitten im bei Tettnang gelegenen Wald Argenhardt (die Argen ist der nahe Fluss, »Hardt« bezeichnet für gewöhnlich einen auch als Weideplatz genutzten Wald) eine Kapelle zu stiften, kann nur spekuliert werden. Zur Versorgung des Gotteshauses erwarb der Priester ein paar Höfe und die Zustimmung sowie den Schutz des örtlichen Landesherrn, des Grafen von Montfort, Heinrich III. Dieser überließ dem Stifter weitere Güter, die allerdings mit dessen Tod wieder an die Montforts zurückfallen sollten. Es ist gut möglich, dass sich Marquard als Einsiedler in seine neue, sicher nur kleine Kapelle zurückzog. Vermutlich war er schon betagt, die Sorge um sein Seelenheil könnte einer der – damals üblichen – Anlässe für die fromme Stiftung gewesen sein. In jedem Fall starb er wohl recht bald, denn schon 1359 fielen die verliehenen Besitzungen wieder zurück an den Grafen, der nun mit der sogenannten Zelle Argenhardt etwas Neues vorhatte. Die Montforts, eine vor allem in Vorarlberg beheimatete weit verzweigte Adelssippe, hatten sich einmal mehr gespalten. Die oberschwäbischen Ableger, zu denen Heinrich III. gehörte, benötigten deshalb eine neue Grablege, ihrer Bedeutung und ihrem Prestige gemäß hatte dies ein Kloster zu sein. Warum nicht das verwaiste Argenhardt, günstig inmitten der eigenen Herrschaft gelegen, zum Kloster ausbauen? 1359 siedelte der Graf Angehörige des Paulinerordens an, der sich, bestens zur reichlich abgelegenen Lage Argenhardts passend, einem gemeinschaftlichen Eremitenleben verschrieben hatte. Er stattete den Konvent mit einigen weiteren Gütern aus, erwirkte die Abtrennung von der Pfarrei Langenargen, zu der die Kapelle seltsamerweise gehört hatte (und nicht zum wesentlich näheren Tettnang) und verschaffte seiner Neugründung so eine gewisse Unabhängigkeit – die natürlich nicht für die Bindung an die Familie Montfort galt.

ZWEI ZELLEN Bei allem Wohlwollen des Gründers und mancher seiner Nachfolger, Argenhardt blieb ein Mini-Kloster. Das galt sowohl für die Belegschaft, die wohl kaum aus mehr als drei Mönchen bestand, als auch für die ökonomische Versorgung. Das Leben war sicherlich eher karg und die Ausstattung reichte trotz einiger freundlicher Stiftungen nur für das Nötigste. Erst 1415 konnte die Kapelle endlich offiziell geweiht werden, wofür immerhin ein hoher Geistlicher des gerade in Konstanz stattfindenden Konzils anreiste. Die weiteren Nachrichten aus Argenhardt sind spärlich, bis es um 1500 zu einer erbitterten Auseinandersetzung mit dem Schutzherrn kam, inzwischen Ulrich VI. von Montfort zu Tettnang. Der Anlass waren Streitigkeiten um Holzeinschlag im Wald. Dieser war dem Kloster rechtlich garantiert, doch ging es nun um die Menge und um den Ort, wo dies erlaubt sein sollte. Man schenkte sich in dem mit heftigen Worten geführten Schriftwechsel buchstäblich nichts. Die Gründe für den Zoff lagen womöglich tiefer, ließ der Prior doch unter anderem anklingen, dass die Montforter sich widerrechtlich auch die Untere Zelle angeeignet hätten. Diese »nieder zell im etter«, auch genannt das »Bruderhaus«, gilt als noch älter als Argenhardt, doch ihre Ursprünge sind unklar. Berichte über die Gemeinschaft von zurückgezogen lebenden Eremiten, die keinerlei Orden angehörten, existierten schon seit 1291, doch ist über diese Waldbrüder nur wenig mehr bekannt. Um 1330 flüchteten Mönche aus Weißenau zu der kleinen Zelle, 1425 wurde sie dem Argenhardter Konvent angeschlossen, der sich aber wohl nicht ausreichend um sie kümmern konnte, sodass die Montforts ihren Zugriff auf die Niederlassung erhöhten. Diesen Umstand versuchte der Vorsteher nun während des Holzstreits wieder ins Feld zu führen – allerdings erfolglos. Aus einem Schiedsverfahren ging hauptsächlich der Graf als Sieger hervor, die Untere Zelle durfte er behalten, die Rechte der Pauliner auf Rodung wurden eingegrenzt. Das zweite Mini-Kloster, gelegen beim heutigen Weiler Hagenbuchen, verschwand damit spurlos aus der Geschichte.

Das krumme Schild verweist auf ein gut im Wald verstecktes Denkmal.

NUMMER DREI Argenhardt selbst sollte es im Folgenden nur bedingt besser gehen. 1441 war ein Angehöriger des Konvents auffällig geworden, da er mystische Visionen hatte – die kirchliche Obrigkeit zwang ihn, diese zu widerrufen. Es folgte der erwähnte Streit mit dem Grafen, der einen zunehmenden Niedergang eingeleitet oder verstärkt haben dürfte. Denn gar nicht weit entfernt, in Langnau, fand sich ein drittes Kloster der Pauliner. Einst eine um 1250 gegründete Filiale des Benediktinerklosters Allerheiligen in Schaffhausen, hatte niemand anderes als Heinrich III., der einstige Gründer von Argenhardt, diese 1389 in ein Kloster umgewandelt, das er mit den von ihm offenbar sehr geschätzten Paulinern besetzte. Hierher – und eben nicht nach Argenhardt – verlegte er nun seine Familiengrabstätte, denn generell florierte Langnau weitaus besser als die beiden Zellen im Wald. So verwundert es

Das Hauptgebäude birgt im Kern noch die Klosterkapelle.

kaum, dass schließlich die verbliebene winzige Gemeinschaft bei Tettnang zusehends in Abhängigkeit des größeren Konvents geriet. 1598 wurde der Argenhardter Prior krank und er zog sich zur Genesung nach Langnau zurück – ob er je zurückkehrte und überhaupt noch ein Nachfolger bestimmt wurde, ist fraglich. Ein schlechtes Zeichen war auch, dass ein Inventar des Argenhardter Besitzes angelegt wurde, meist der Vorbote für eine baldige Auflösung. Offiziell aber erfolgte der Anschluss an Langnau erst 1672, womit Argenhardt seine Selbstständigkeit endgültig verlor. 1786 wurde das Paulinerkloster Langnau durch die frühe österreichische Säkularisation unter Joseph II. aufgelöst. Argenhardt wurde in ein landwirtschaftliches Gehöft verwandelt, die Kapelle unterteilt in Wohnhaus und Stall. Nur mit sehr viel Mühe ist das Gotteshaus nach vielen Um- und Anbauten heute noch zu erkennen, aber es ist sozusagen in neuem Gewand immerhin noch da. Die größere Kapelle in Langnau wurde vollständig abgerissen – siehe unten –, von ihr blieben nur spärlichste Fragmente an den wenigen verbliebenen Klosterbauten, die das Dorf noch immer beherrschen.

Das besondere Erlebnis

Das Augenmerk der österreichischen Regierung fiel Ende des 18. Jahrhunderts nicht nur auf »unnütze« Klöster, sondern ebenfalls auf »überflüssige« Gotteshäuser. Betroffen hiervon waren hauptsächlich Kapellen und Wallfahrtskirchen, aber auch Gemeinden mit mehr als einer Pfarrkirche. Da die Langnauer Klosterkirche nun die Pfarreiaufgaben übernehmen sollte, galt das uralte Gotteshaus in Hiltensweiler als entbehrlich. Proteste der umliegenden Dörfer, für die dieser Ort zentraler lag, wurden ignoriert, nach einem letzten Gottesdienst das Inventar ausgeräumt und auf Wägen verladen. Doch die Bauern der Umgebung versammelten sich zu einem handgreiflichen Widerstand mit Stöcken, Mistgabeln und Dreschflegeln. Dies überzeugte dann doch – zulasten der Langnauer Kirche. Nun wurde diese ausgeräumt und anschließend, wie erwähnt, abgerissen. Einige Kunstwerke kamen in die gerettete Hiltensweiler Pfarrkirche wie zum Beispiel die Knochen der Montforter Grafen, ihre Grabmäler dagegen wurden zertrümmert und zu Baumaterial umfunktioniert.

Das Waldbad Baienfurt besitzt eine lange Vergangenheit – und eine traurige Gegenwart.

2

GOLDENE ZWANZIGER IM ACHTAL

Das Waldbad bei Baienfurt

Bereits im Mittelalter errichtet, hatte das Waldbad bei Baienfurt seine große Zeit erst in den 1920er-Jahren. Vom Glanz jener Tage ist nicht mehr geblieben als die überwucherten Reste und verfallenden Gebäude eines einstigen Sehnsuchtsortes.

Baienfurt, Landkreis Ravensburg (RV), BW **Ort** Waldbad 1, 88255 Baienfurt **GPS** 47.836070, 9.697931 **Anfahrt** Zug: Bahnhof Niederbiegen (RB Friedrichshafen-Aulendorf) Auto: B32/B30, weiter auf L314

BESCHEIDENE ANFÄNGE Die hohen geistlichen Herren hätten sich wahrscheinlich niemals träumen lassen, was einmal aus dem Ort würde, den sie so gerne aufsuchten. Mönche und Prälaten der in Oberschwaben ja reichlich vorhandenen Klöster gehörten zu den wiederkehrenden Gästen des Waldbades im Achtal, einem damals noch unauffälligen, bescheidenen Kurörtchen nahe Baienfurt. Es war im Besitz der Truchsessen von Waldburg und wurde jeweils von diesen verpachtet. Erstmals schriftlich erwähnt wurde es im Jahre 1438. Unter dem »Bad im Altdorfer Wald«, wie es offiziell hieß, darf man sich nichts Großartiges vorstellen, schon gar keine Schwimmbecken und Liegewiesen. Es handelte sich um ein kleines landwirtschaftlich geprägtes Anwesen, das seinen Gästen Unterkunft und Anwendungen mit Wasser aus drei gefassten Quellen bot, denen heilende Wirkung zugesprochen wurde. Im Prinzip änderte sich an diesen überschaubaren Ausmaßen und Angeboten gut fünfhundert Jahre lang nichts. Noch in der ersten Hälfte des 19. Jahrhunderts äußerte sich ein medizinisches Gutachten über die Verhältnisse im Waldbad eher geringschätzig: Es gebe nur 17 Zimmer, kaum geheizt, überaus dürftig ausgestattet, durch die Dämpfe des Bades dauerfeucht, die Wannen zu eng und zusätzliche Einrichtungen zur Behandlung würden fehlen. Gleichzeitig räumt das Schreiben allerdings ein, dass die Nachfrage ungebrochen, ja höher als die zur Verfügung stehenden Unterbringungsmöglichkeiten sei, bis zu zweihundert Gäste kämen jährlich, doch noch viel mehr könnten es sein, gäbe es mehr Zimmer. Positiv äußerte sich der Gutachter ebenfalls zur Heilwirkung des Wassers und zur Betreuung der Gäste durch die Wirtsfamilie. Auch nachdem das Haus Waldburg das Bad 1819 an die Familie Walser verkauft hatte, änderte sich an der Überschaubarkeit des Unternehmens nur wenig. Zwar gab es ein paar An- und Umbauten, die bedeutendste Veränderung war jedoch das Anlegen einer Fischzuchtanstalt nebenan, sprich von einigen Weihern. Das Waldbad blieb weiterhin so beschaulich wie beliebt. 1918 verkaufte es Familie Walser an die örtliche Papierfabrik, die es sogleich weiterverpachtete.

ERFOLGE UND ÄRGERNISSE Ob zu dieser Zeit überhaupt noch Badbetrieb herrschte, ist unklar, allerdings existierte in jedem Fall noch eine Gastwirtschaft. Diese übernahm 1926 der größte Brauereibesitzer Baienfurts Karl Rittler durch einen Tausch mit Grundstücken bei der Papierfabrik. Kurz vor der Übergabe des Anwesens jedoch brannte es unter mysteriösen Umständen ab. Rittler grämte dies nicht, vielmehr passte es ganz gut zu seinen Plänen, hier ein modernes Bad mit allerlei Zusatzattraktionen aufzubauen, wofür die alten Bauten ohnehin hätten wei-

Trockengelegt: kein Wasser in der Zuleitung

Die Lampe kaputt, das Becken leer

chen müssen. Die Fischweiher ließ er zusammenlegen und vertiefen, ein Badesee entstand, dazu kamen ein neues Gästehaus, Garagen und Ökonomiegebäude. Unter der Woche stand das Waldbad verschiedenen Gruppen offen, am Wochenende jedermann. Nach der Eröffnung in Rekordzeit schon im Sommer 1926 folgte ein Highlight auf das andere, heute würde man von einem Event-Bad sprechen. Schwimmwettkämpfe, Motto-Feste, Feuerwerke, Schönheitswettbewerbe und regelmäßige Tanzvergnügen, Karl Rittler hielt sein Publikum auf Trab, das aus der ganzen Region nach Baienfurt zum Waldbad zog. Das stieß allerdings auch auf Widerstand. Während hinsichtlich behördlicher Regeln – etwa wegen der Feuerwerke im Waldgebiet – schnell Einigung erzielt werden konnte, waren die kirchlichen Proteste weitaus hartnäckiger. Dem Ortspfarrer, den Weingartner Mönchen – also Nachfahren der einstigen Besucher – und sogar dem Rottenburger Bischof höchstpersönlich war das Treiben im Waldbad, wo sich doch halbnackt tatsächlich die Geschlechter vermischten, ein Greuel. Der jeweilige Baienfurter Ortsvorsteher lavierte recht geschickt, wenn wieder einmal Beschwerden von Geistlichen oder Nachfragen höherer Amtsstellen über die Zustände im Waldbad bei ihm eintrafen: Im Ort habe man alles Mögliche getan, um das Schlimmste zu verhindern, tue dies auch weiterhin, doch sei das Ganze ein privates Unternehmen und ihm wären so gesehen die Hände gebunden. Nun, es war ein extrem gut florierendes privates Unternehmen, das den Ruf Baienfurts vielleicht nicht unbedingt bei der Geistlichkeit, aber bei der vergnügungswilligen Bevölkerung enorm beförderte. Auch, weil sich Karl Rittler weder lumpen noch in seinen Aktivitäten einschränken ließ. Eine riesige moderne Halle wurde gebaut, in der bis zu 900 Gäste Platz fanden und die Attraktionen rissen nicht ab: Eine Wasserrutschbahn, Tanz mit »Girls«, Lampion-Feste und bengalische Feuer, Besuche des Zeppelins über dem Bad, Modellschifffahrten auf dem Seebecken und natürlich regelmäßig riesige Feuerwerke, jährlich stand das »Waldbad in Flammen«. Bis zu 8000 Gäste waren an solchen Festtagen keine Seltenheit.

KALTE DUSCHE Die »Roaring Twenties« endeten in Oberschwaben mit dem Krieg und das Waldbad wurde kurzerhand zum Lazarett umfunktioniert. Nach Kriegsende konnten die Söhne Karl Rittlers, der 1945 starb, relativ schnell wieder an den Ruf und Erfolg des Waldbades anknüpfen. Es schien in der Wirtschaftswunderzeit der passende Ort zum Feiern zu sein, nachdem wieder Geld in den Taschen war. Nun gab es sogar einen kleinen Zoo, dazu Frühformen des »Public Viewing« durch Fußballübertragungen auf einem großen Fernseher, außerdem die üblichen Feste, Tanzvergnügen, Feuerwerke und Wettbewerbe – das Waldbad blieb ein Sehnsuchtsort der Nachkriegsgesellschaft. Aber es blieb irgendwann auch in der Zeit stehen. Das machte sich spätestens bemerkbar, als sich die junge Generation anderen Freizeitvergnügen zuwandte und man für Erlebnisse weiter wegfuhr, als nur in die Nachbarschaft. Das Waldbad konnte nicht mehr Schritt halten, ab den 1970er-Jahren tröpfelten die Besucherzahlen dahin und blieben schließlich ganz aus. Ausgerechnet 1992, als konkretere Pläne einer Wiederbelebung öffentlich wurden, brannte die große Gasthalle komplett ab. Es tat sich nichts mehr, das Waldbad versank zurück in seine Waldeinsamkeit. 2016 jedoch wurde es verkauft, neue, große Pläne wurden geäußert, ein Hotel solle errichtet, das alte Gebäude saniert und erhalten werden. Wer den an Wanderwegen gelegenen Ort aufsucht, kann sich vom Fortschritt dieser Vorhaben überzeugen: Geschehen ist bislang so gut wie nichts.

Das besondere Erlebnis

Die Papierfabrik war zwar nur Kurzzeitbesitzer des Waldbades, prägte Baienfurt aber ansonsten enorm. 1871 gegründet, führte das Unternehmen nicht nur zu landschaftlichen Veränderungen, etwa dem Bau des fast sechs Kilometer langen Kanals oder später einer werkseigenen Güterbahn, sondern auch zu einer regelrechten Bevölkerungsexplosion des vormaligen Dorfes. In der krisengeschüttelten Zwischenkriegszeit stellte man hauptsächlich auf Kartonagen um, mit dem Wirtschaftswunder begann ein langer Wiederaufschwung, der bis zur Jahrtausendwende anhielt. Fusionen, aber auch hohe Neuinvestitionen retteten die Papierfabrik allerdings nicht, 2008 wurde sie bis auf eine Miniproduktion geschlossen, der markante Schornstein 2014 gesprengt und der Großteil der Gebäude abgerissen.

Die großzügigen Badeanlagen reichen nur noch für Trockenübungen.

3

ERHOLUNGSBEDÜRFTIG

Das Hallberger Haus bei Kressbronn

Eine Kur am Bodensee für Stuttgarter Kinder lautete das verheißungsvolle Konzept. Über Jahrzehnte hinweg stand auch in Kressbronn ein sogenanntes Kinderkurheim, Teil eines deutschlandweiten fragwürdigen Verschickungssystems.

Berg (Gmd. Kressbronn), Bodenseekreis (FN), BW **Ort** Blütenstr. 20, 88079 Kressbronn am Bodensee-Berg **GPS** 47.610986, 9.599321 **Anfahrt** Zug: Bahnhof Kressbronn am Bodensee (RE Lindau-Stuttgart). Auto: A96, Ausfahrt Sigmarszell, weiter auf B31

Hierher würde sicher niemand mehr sein Kind schicken.

Garagen auf dem großen Gelände des einstigen Heimes

DAS SYSTEM VERSCHICKUNG Die sogenannte Kinderlandverschickung ist vor allem der ältesten Generation noch ein Begriff, sie war eine Maßnahme des nationalsozialistischen Regimes, den durch Luftangriffe gefährdeten Nachwuchs der Großstädte in ländliche Gebiete zu evakuieren, nicht selten in Form ganzer Schulklassen. Doch das Prinzip »Verschickung« blieb – auch unter diesem Namen – noch lange Zeit existent, bis hin zur Jahrtausendwende. Für zeitgenössische Ohren klingt der Ausdruck eher nach Paketdienst – und ganz so verkehrt erscheint das im Nachhinein nicht. Es waren naturgemäß nicht mehr die Bombenangriffe, die auch nach 1945 dafür sorgten, dass viele Kinder ausgewählt wurden, über einen bestimmten Zeitraum ihre Familie verlassen zu müssen und in eine oft weit entfernte Gegend gebracht zu werden. Vorrangig wurden medizinische Gründe angeführt. Kurheime besonders in Badeorten an den Küsten hatten schon vor dem Krieg lungenkranken Sprösslingen Erholung versprochen, nun weitete sich dieses Angebot aus. Den Nachkriegskindern, von denen nicht wenige an Mangelerscheinungen infolge des Krieges und der noch eingeschränkten Versorgungslage insbesondere in den Ruinenstädten litten, sollte neben den erwähnten konkreten medizinischen Anlässen Abwechslung und ein buchstäblich besseres Klima gegönnt werden. Die Aufenthalte galten als Kuren und mussten von einem Arzt gebilligt werden, für gewöhnlich dauerten sie sechs Wochen und fanden während der Schulzeit statt. Auf Bindungen wurde kein Wert mehr gelegt, für die Kinder ging es in die Fremde, oft wurden sie selbst von mitreisenden Geschwistern getrennt. Immer weitere Kurkinderheime schossen aus dem Boden, Träger waren die Kirchen, der Staat oder die Länder, Wohlfahrtsverbände oder private Initiativen. Personal war dringend gesucht, es herrschte Mangel an qualifizierten Pädagogen und Medizinern, und nicht nur deswegen ging es in den Unterkünften oft streng zu. Autorität ersetzte Kompetenz, noch dazu war man einem überkommenen Ideal der Abhärtung und der Ignoranz kindlicher Bedürfnisse verpflichtet.

Der Postbote klingelt hier nicht mehr.

VON STUTTGART AN DEN SEE Rein in vorhandenen Plätzen gerechnet war Baden-Württemberg der beliebteste Standort für Kinderkurheime in der Bundesrepublik, was nicht unbedingt verwundert, galt doch der Schwarzwald zum Beispiel aufgrund der Höhenluft als besonders für Lungenkranke geeignet – außerdem bot er die oft gewünschte Abgeschiedenheit. Natürlich war auch der Bodensee ein attraktives Ziel. Dies dachte sich die Stadt Stuttgart ebenfalls, sie verschickte nicht nur regelmäßig ihre jüngsten Einwohner landesweit in Orte von der Küste bis an die Schweizer Grenze, sondern unterhielt sogar drei Heime in Eigenverantwortung. Eines in Bad Rappenau – also im Schwarzwald –, eines in Storzeln, einem kleinen Weiler im Hegau, und schließlich direkt am Bodensee in Kressbronn: das Hallberger Haus. Gedacht war dieses, wie es ein offizielles Dokument formuliert, für »Kinder mit schwacher Konstitution, Rekonvaleszente, nervöse und unruhige Kinder« – auch hier herrschte somit eine medizinische Indikation vor, die von einem Arzt vorher bestätigt werden musste, so schwammig Begriffe wie »nervös« oder »unruhig« auch sein mochten. Die Lage des 1965 bezogenen Heimes war immerhin exquisit. Durchaus an ein Feriendorf erinnernd, mit gestaffelten Bungalows nicht unähnlich denen in Scheidegg (siehe 27), erhob sich die Unterkunft mit ihrem großen Gelände auf einer Hanghöhe zwischen dem Kressbronner Ortsteil Berg und Betznau, mit bester Sicht auf den See, das gegenüberliegende Ufer und die Schweizer und Vorarlberger Alpen. Wie sehr sich die Kinder hier wohlfühlten – in allen Heimen war Heimweh ein Hauptproblem – bleibt unklar, die Zweifel am Verschickungssystem wuchsen jedoch spätestens seit den 1970er-Jahren. Die Ansichten über Erziehung hatten sich geändert, Familien verreisten nun zusammen und man trennte sich nur noch ungern von seinen Kindern. In Stuttgart registrierte man einen kontinuierlichen Rückgang des Interesses und der Belegung der Heime. 1988 war für das Hallberger Haus in Kressbronn Schluss, es war die Zeit, in der generell zahlreiche Kinderkurheime ihr Ende fanden.

ATTRAKTIV, ABER … Die Landesentwicklungsgesellschaft erwarb die Bauten und verpachtete sie an den Landkreis, der hier Asylsuchende und Aussiedler unterbrachte. Ab 2002 folgte noch ein kurzes Zwischenspiel in Form einer Sprachschule mit Unterbringung für chinesische Studierende, doch ab 2007 standen die Gebäude leer. Seitdem wird um eine Neunutzung gerungen, denn die Lage ist, wie erwähnt, ein Pfund, mit dem man eigentlich wuchern könnte. Trotzdem gibt es Bedenken und Probleme. Der erste umfassendere Vorschlag galt der Errichtung erschwinglichen Wohnraumes. Doch hierfür wurde das Gesamtgelände als zu weit abgelegen vom Ortskern erachtet, zudem hätte hierfür eine Umwidmung stattfinden müssen, denn noch steht »Bildung« im Nutzungsplan der Gemeinde. 2013 zerschlugen sich folglich die Pläne für dieses Vorhaben. Da Kressbronn seine touristische Attraktivität verbessern möchte, steht in jüngster Zeit dagegen ein anderes Projekt hoch im Kurs. Ein Gutachten des Jahres 2021 zu Hotelstandorten sieht das Hallberger Haus zwar aufgrund der schlechten Anbindung für eine gehobene Gästeunterkunft mit Restaurant kaum geeignet, dagegen jedoch »mehr als ausreichend« für ein »edutainmentorientierte[s] Jugend- und Familienhotel oder ein verdichtetes Feriendorf«. Ob dies eine komplette Neunutzung des Areals oder den Umbau der teilweise ziemlich heruntergekommenen Bauten bedeuten würde, ist offen, die Idee noch in den Kinderschuhen. Derzeit scheint das Hallberger Haus nur für Besucher attraktiv, die man dort ganz sicher nicht haben will: Im Frühjahr 2020 wurden mehrere Männer verurteilt, die dort regelmäßig eingestiegen waren, das vorhandene Kupfer herausgebrochen und nach und nach zu Geld gemacht hatten.

Das besondere Erlebnis

Ganz im Norden des Bodenseekreises und teilweise schon im benachbarten Landkreis Sigmaringen lag die 1955 eröffnete Fachklinik Höchsten für suchtkranke Frauen in Rubacker. Später als sogenannte Suchtklinik geführt, wurde der Standort 2010 aufgegeben und nach Bad Saulgau verlegt. Die nicht zu übersehenden Gebäude im typischen Bettenburgen-Beton-Stil der 1960er-Jahre stehen seit dieser Zeit leer, auch weil der neue Käufer, der benachbarte Gastwirt, seine Pläne zum Umbau und Teilabriss gewissermaßen doppelt mit den Behörden beider Landkreise abklären muss. An sich ist das Verschwinden dieses Lost Place also bereits beschlossene Sache, noch aber wehrt er sich offenbar gegen sein Schicksal.

»Eltern haften für ihre Kinder« – Vergangenheit und Gegenwart wirken nur scheinbar idyllisch.

Die Plankentalkapelle bei Bad Buchau ist ein »legendärer« Ort.

4

KOPFLOSE REAKTION

Die Plankentalkapelle Bad Buchau

An sich ist die Kapelle bei Bad Buchau ein liebliches oberschwäbisches Idyll, jedoch ist mit ihr eine ebenso gruselige wie etwas verwirrende Legende verbunden, die ihre wahren Wurzeln in einer blutigen Auseinandersetzung hat.

Bad Buchau, Landkreis Biberach (BC), BW **Ort** Plankentalstr. 105, 88422 Bad Buchau **GPS** 48.048805, 9.606883 **Anfahrt** Zug: Bahnhof Bad Schussenried (RE Lindau-Stuttgart). Auto: A7, Ausfahrt Dettingen an der Iller, weiter auf B312

EINE KAPELLE IM TRÄNENTAL »Einst eine Zierde der ganzen Gegend, südlich von Kappel am Waldabhange gelegen, steht sie heute noch als trauernde Ruine da, die nach Erneuerung weint.« So beklagte Johann Evangelist Schöttle, seines Zeichens Pfarrer von Seekirch und zugleich Buchauer Ortschronist, 1884 den Zustand der Plankentalkapelle. Diese wurde wohl im 15. Jahrhundert erbaut, zumindest existieren erste schriftliche Erwähnungen aus dieser Zeit, womöglich ist sie sogar noch älter. Zu den Lebzeiten Schöttles jedoch war sie seit Langem schon ungenutzt und verfallen. Allerdings nahte die von dem umtriebigen Geistlichen erwünschte Rettung bereits: Im Jahr 1887 ließen die damaligen Besitzer, die Fürsten von Thurn und Taxis, das Gebäude wieder herstellen. Und seitdem ist sie wieder zu erreichen, am besten zu Fuß oder per Rad über ein Sträßchen, das von Kreuzwegstationen gesäumt wird. Um dorthin zu kommen, muss man jedoch durch das Tal der Tränen gehen. Genauer gesagt, durch das Jammertal, auch wenn *planctus vallis* oft mit »Tränental« übersetzt wird. Aber Ungenauigkeiten nimmt man nicht so wichtig bei der sehr gruseligen Geschichte, die sich mit der legendenhaften Entstehung der einsamen Kapelle verbindet. So weiß die örtliche Überlieferung Folgendes zu berichten: Es war die Zeit der Ungarneinfälle um 900, als der Kaiser dazu aufrief, den plündernden Heeren entgegenzuziehen und dem Übel ein Ende zu bereiten. Zu den Adligen, die ihm Folge zu leisten hatten, gehörte auch Graf Hatto von Buchau, der sich schweren Herzens mit seinen drei Söhnen von seiner Frau Adelinde verabschiedete und sich dem Kriegszug anschloss. Nicht ohne zu versprechen, bald wieder zu Hause zu sein. Doch lange kam keine Nachricht von Hatto und seinen Söhnen. Schließlich aber traf doch die Kunde ein, dass die Schlacht gewonnen worden war. Adelinde begann zu hoffen und hielt täglich auf der Ebene bei Kappel Ausschau nach den ersehnten Rückkehrern. Dabei seufzte sie vernehmlich in den Wind: »Windle, Windle, weh / dass mein Gemahl ich wiederseh!« Und tatsächlich, schon zeichneten sich am Horizont vier heranstürmende Reiter ab. Voller Freude lief Adelinde ihnen entgegen, »Mein Mann! Meine Söhne!« rufend. Als sie nahe genug waren, bestand kein Zweifel mehr, Kleidung und Rüstung waren die ihres Gatten und ihrer Kinder. Doch verzweifelt schrie die Gräfin: »Windle, Windle, weh' / dass mein Gemahl ich nimmer seh!« Alle vier hatten keine Köpfe mehr! Die Reiter verschwanden – und Adelinde ging ins Kloster.

ZU VIELE ADELINDEN In der grausamen Überlieferung vermischen sich mehrere reale Personen und Ereignisse, ganz abgesehen davon, dass sich mit der Zeit einige, teils widersprüchliche Sagentraditionen herausgebildet haben. Das liegt nicht zuletzt an Namensver-

Die Kapelle
erzählt ihre Geschichte selbst.

Einsam liegt das kleine Gotteshaus …

wirrungen, die durchaus verständlich sind, gab es in der frühen Geschichte Buchaus doch gleich drei bedeutende Damen mit dem Namen Adelinde beziehungsweise Adelindis, was wohl so manchen Berichterstatter einigermaßen durcheinandergebracht hat. Adelinde I., zu Zeiten Karls des Großen lebend, gründete einst um 770 das Stift Buchau oder spielte zumindest bei der Entstehung des Klosters eine wichtige Rolle. Adelinde II., die Frau des Hatto, lebte von 855 bis 915 und trat später – nach dem Tod ihres Mannes – in das von ihrer Namensvetterin gegründete Kloster ein. Adelinde III. war eine Tochter von Adelinde II. und hatte drei Brüder, die von der Idee ihrer Schwester, ins Kloster eintreten zu wollen, offensichtlich nicht begeistert waren. Wie der Reichenauer Mönch Hermann der Lahme, einer der großen Schriftsteller seiner Zeit, überliefert, wurden die drei bei dem Versuch, Adelinde aus dem Konvent zu entführen, dort erschlagen. Tatsächlich sind sie in der Stiftskirche zu Buchau begraben – an der Seite ihrer Mutter Adelinde II. – was wiederum nicht unbedingt für den Wahrheitsgehalt von Hermanns Geschichte spricht, denn warum hätte man die drei Bösewichte ausgerechnet dort beisetzen sollen, wo sie ein nicht gerade tugendhaftes und dem Kloster gegenüber noch dazu abträgliches Verhalten an den Tag gelegt hatten. Aber wie gesagt, die verschiedenen Erzählstränge gehen manches Mal reichlich durcheinander. Den Buchauern ist die Vielzahl der Adelinden jedenfalls Anlass genug, ein besonders bei der jüngsten Bevölkerung der Stadt beliebtes Fest zu feiern: Alle zwei Jahre am 28. August wird unter großer Beteiligung auch der umliegenden Orte der Adelindis gedacht, welcher genau auch immer.

DIE SCHLACHT Für Adelinde II. gilt in jedem Falle als einigermaßen gesichert, dass ihr Mann, Graf Hatto, tatsächlich im Kampf gegen die damals noch heidnischen Ungarn gefallen war, wofür er sich allerdings nicht weit hatte von ihr entfernen müssen: Die blutige Auseinandersetzung, eines von vielen kriegerischen Aufeinandertreffen mit dem Volk aus dem Donauraum in der Zeit um 900, fand nämlich direkt bei Buchau statt. An diese Schlacht, über deren Ausgang einmal mehr widersprüchliche Aussagen existieren, und an die hier Gefallenen dürfte die Plankentalkapelle ursprünglich erinnert haben. Ob nun auch die Söhne Adelindes zu den damals Getöteten zu zählen sind, ist je nach Überlieferung Interpretationssache. Die Tatsache, dass sie gemeinsam im Kloster begraben wurden, spräche eher dafür. Nachdem die Plankentalkapelle erst in Vergessenheit, dann in Verfall geraten und schließlich, wie erwähnt, wiedererrichtet worden war, wurde sie – erneut – zum Ziel lokaler Wallfahrten. Einst zierte die Chorrückseite eine monumentale Kreuzigungsgruppe, die schließlich auf den Buchauer Kirchplatz als Kriegergedächtnisstätte versetzt wurde. An ihrer Stelle brachte der Maler Paul Hirt, der auch die Innenwände mit Szenen aus dem Leben der seligen Adelindis – in ihr vermischen sich wiederum die beiden ersten Adelinde-Frauen – geschmückt hat, ein großes, sehr beeindruckendes Sgrafitto mit dem Höhepunkt der Sage an: Übergroß blickt die wartende Adelinde auf ihren zurückgekommenen Ehegatten, der in stolzer Rüstung zu Pferde vor ihr steht – den eigenen Kopf auf einem Tablett vor sich haltend.

Das besondere Erlebnis

Bad Buchau allein lohnt schon den Besuch, nicht nur für Kurgäste. Neben der kleinen Altstadt und dem Klosterareal locken der Federsee und das überregional bekannte Federseemuseum zu den Pfahlbauten der Vorzeit, die Teil des UNESCO-Weltkulturerbes sind. Ein weiteres Highlight ist die rekonstruierte Holzburg im benachbarten Kanzach. Die unter Beteiligung von Mittelalterarchäologen unweit des originalen Burgstalls errichtete Anlage vermittelt das Aussehen eines ländlichen Ansitzes in der Zeit um 1400. Die Bachritterburg ist in den Sommermonaten jeweils sonntags von 10 bis 18 Uhr zugänglich, weitere Informationen unter https://www.bachritterburg.de

... am Ende eines Kreuzweges von der Stadt kommend.

5

EIN SCHLAG INS WASSER

Das Bad Dankelsried

Selbst wer kein eingefleischter Kneipp-Anhänger ist, hat wahrscheinlich schon von Bad Wörishofen gehört. Das nicht allzu weit entfernte Dankelsried kennt dagegen kaum jemand. Das war schon einmal anders.

Dankelsried (Markt Erkheim), Landkreis Unterallgäu (MN), BY **Ort** Dankelsried 4, 87746 Erkheim **GPS** 48.045767, 10.358403 **Anfahrt** Zug: Bahnhof Sontheim/Schwaben (RE Lindau-Memmingen-München). Auto: A96 bis Ausfahrt Erkheim

Das einstige Badehaus ist noch immer ein markantes Gebäude.

Über dem Türsturz hat sich die Stadt Memmingen als Besitzerin verewigt.

CLEVER Der große Verkehr führt in Form der Autobahn A96 nahe an Dankelsried vorbei, aber eben vorbei. Allerdings sind es sicher nicht nur die Autofahrer, die dem überschaubaren Örtchen kaum Aufmerksamkeit schenken, selbst bei hartgesottenen Allgäu-Liebhabern wird der Weiler mit den wenigen Häusern und rund fünfzig Einwohnern vermutlich erst einmal nur für Fragezeichen sorgen. Das könnte durchaus anders sein, womöglich würden heute nicht wenige Gäste ihren Urlaub hier buchen, wenn die Geschichte etwas anders verlaufen wäre. Doch erst einmal nimmt die Historie der kleinen Ansiedlung tatsächlich einen unspektakulären und nur für eingefleischte Regionalhistoriker interessanten Verlauf: Ersterwähnung um 1200, oft wechselnde Besitzer, 1547 wird der Ort endgültig dem Unterhospital in Memmingen unterstellt und damit der Herrschaft der Reichsstadt. Es folgen noch einige äußerst wirre Religionsverhältnisse mit mehreren Konfessionswechseln, doch als diese Frage endgültig zugunsten des Protestantismus geklärt worden ist, ist von den zu jener Zeit bestehenden vier Häusern ohnehin kein einziges mehr übrig. Der Dreißigjährige Krieg hatte ganze Arbeit geleistet, Dankelsried bleibt für einige Jahre Wüstung, bis sich das Unterhospital 1660 um neue Ansiedler bemüht und der Wiederaufbau beginnt, wobei erst einmal nur zwei Anwesen entstehen. 1733 allerdings kommt Johannes Huith mit der Bitte in die Reichsstadt, ob er hier an der wichtigen Verbindung von Memmingen über Mindelheim nach Augsburg nicht ein Wirtshaus errichten dürfte. Er habe kürzlich Bier eingelagert und sofort seien Gäste bei ihm eingekehrt. Das für ihn zuständige Spital lässt sich überzeugen, der zukünftige Dankelsrieder Wirt leiert, wie man heute sagen würde, seinen Oberherren geschickt noch einige Vergünstigungen und Subventionen aus den Rippen und stellt binnen kürzester Zeit ein stattliches Gasthaus an die Straße. Das bringt die Memminger bald auf eine weitere Idee. Man erinnert sich der Heilkraft der nahen Mineralquelle, die wohl schon früher genutzt wurde, und veranlasst deren Erschließung, Fassung und vor allem die Errichtung eines äußerst ansehnlichen Badehauses in Dankelsried.

Gegenüber dem Bad lag das Gasthaus.

KUREN In rasanter Bauzeit ist das Haus errichtet, aber an der Qualität wurde keineswegs gespart. Nicht nur wurden erfahrene Architekten und Handwerker beauftragt, das Ergebnis kann sich absolut sehen lassen. Der Barockbau von 1735 hat 35 Zimmern für Kurgäste, die Ausstattung ist gediegen, wovon selbst die wenigen noch erhaltenen Reste – Treppenhaus und einige Öfen – Zeugnis ablegen. Die Unterbringung ist folglich auch für Gäste mit höherem Anspruch kein Problem – und diese werden auch bald anreisen. Das vorzeigbare Badehaus ist die eine Attraktion, die andere ist der gute Ruf des Dankelsrieder Wassers. Der Spaziergang zur Quelle ist selbst Teil der Kur, die nach ausgefeilten Plänen und mit offensichtlich guter Wirkung, die durch Gutachten bestätigt wird, für zufriedene Besucher sorgt. Der Mineralgehalt des Wassers ist unbestritten gesundheitsförderlich – das sorgfältige Vorgehen bei der Badekur in Verbindung mit einer Diät würde wohl auch heutigen Ansprüchen durchaus noch genügen –, dazu empfehlen die damaligen Badebetreuer, nicht anders als ihre modernen Zeitgenossen »Bewegung und Spazieren gehen«, das »Tobackrauchen« und »Kirsch-Wasser trincken« sei jedoch bitte zu unterlassen, tröstlich dagegen: »Gutes Bier ist sonst bey Tisch erlaubet«, was sicher auch den Wirt nebenan erfreuen wird. Es wird eifrig Werbung gemacht für das neue Bad, eine mehrfach aufgelegte Broschüre mit ansprechendem Bildmaterial wird gedruckt und der Erfolg gibt dem Vorhaben Recht. Hohe Gäste reisen an, bayerische Kurfürsten, fuggersche Grafen, Äbte aus den Klöstern des Umlandes, die sogar die Erlaubnis zum Abhalten des katholischen Gottesdienstes erhalten – das sonst streng protestantische Memmingen zeigt sich flexibel. Manche halten Dankelsried in jenen Tagen für das bedeutendste Bad im Allgäu.

KNATSCH Das rief jedoch auch Neid hervor. 1772 begann das Kloster Ottobeuren nahe Erkheim eine frühere Quelle zu reaktivieren, was die Memminger auf den Plan rief – und zwar mit aller Macht. Eine bewaffnete Truppe aus der Reichsstadt tauchte auf und stoppte das Vorhaben, eine harsche Auseinandersetzung war die Folge, wobei es bis vor das höchste Reichsgericht ging. Einerseits war zu klären, ob die Dankelsrieder und die Erkheimer Quelle nicht ein und dieselbe seien, und damit dem Bad buchstäblich das Wasser abgegraben wurde, und zweitens, ob das Kloster überhaupt Rechte an Letzterer habe. Es war extrem kompliziert, es herrschten typisch verworrene schwäbische Verhältnisse: Denn in Erkheim teilten sich Memmingen und Ottobeuren die Herrschaft nach einem komplizierten Schlüssel. Kurioserweise waren die Erkheimer für mehrere Wochen im Jahr Ottobeurer, den Rest aber Memminger Untertanen. Das erst nach langer Zeit gefällte Urteil schien eher Ottobeuren Recht zu geben, doch hatte sich die Lage offenkundig ohnehin inzwischen beruhigt. Das Bad Dankelsried bestand jedenfalls weiterhin und erfreute sich ungebrochener Beliebtheit, bis die langen Kriegszeiten am Ende des Jahrhunderts (siehe 23) für das Ausbleiben der Gäste und wohl auch eine Vernachlässigung von Gebäuden und Kurbetrieb sorgten. Als 1815 endlich Frieden einkehrte, fehlte den Wirtsleuten das Geld für die dringend notwendige Sanierung sowohl für das Badhaus als auch für die Quelle selbst, die um 1830 als »in Verfall geraten« bezeichnet wird. Zehn Jahre später war Bad Dankelsried Geschichte. Übrig geblieben war nur das Wirtshaus, zwischenzeitlich mit kleiner Brauerei, das noch bis 1970 seine Türen offen hatte. Das barocke Badgebäude dagegen wurde umgebaut, die Kuranlagen um die Quelle verschwanden größtenteils. Die Heilkraft des Wassers aber blieb über all die Jahre unvergessen und in jüngster Zeit hat man sich dieser einst berühmten Quelle wieder erinnert, die nun erneut zugänglich und zum Beispiel mit einer Wassertretanlage versehen ist. Dankelsried selbst scheint dagegen in den Schlummer vergangener Jahrhunderte vor dem Bade-Boom zurückgefallen zu sein, doch die beiden großen Bauten, das Bade- und das Wirtshaus, sind noch immer Zeugen der Glanzzeit des einstigen »Gesund-Brunnens«.

Das besondere Erlebnis

Statt perückenbezopfter Rokokoherrschaften mit Wehwehchen suchen inzwischen ganz anders geartete Gäste die frühere Mineralquelle auf. Zumindest an einem Abend Mitte Juni jeden Jahres machen sich Jugendliche und Junggebliebene der Umgebung dorthin auf – zur traditionellen Beachparty des Erkheimer Schützenvereins. Das Tanzvergnügen mag der Gesundheit durchaus förderlich sein, beim Getränke-Ausschank gilt dies womöglich nur in Maßen. Aber wie erwähnt hatten ja schon die gelehrten Herren Mediziner des Barock gegen ein gutes Bier zur Kur nichts einzuwenden.

Die teilerhaltene Allee führt als Nebenstraße noch immer nach Dankelsried.

Die barocke Klostermühle mit Beichtigerhaus blieb als einziges Gebäude vollständig erhalten.

6

RÄUMUNGSVERKAUF

Kloster Löwental

Mehrere Krisen musste das Frauenkloster Löwental bei Friedrichshafen überstehen, doch stets konnte es sich retten. Bis der neue Landesherr, das Königreich Württemberg, möglichst viel Gewinn aus seinem Besitz schlagen wollte.

Friedrichshafen, Bodenseekreis (FN), BW **Ort** Aistegstr. 34, 88046 Friedrichshafen **GPS** 47.662148, 9.494713 **Anfahrt** Zug: Bahnhof Löwental (RB Friedrichshafen-Aulendorf). Auto: A91, Ausfahrt Sigmarszell, weiter B31/B30 bis nach Friedrichshafen

NUR KURZE HIMMELSWONNE Es sah düster aus. Mühsam hatte man die Klosterkirche nach einem Brand 1609 wieder aufgebaut, da drohte neues Unheil. Der Dreißigjährige Krieg war längst im Gange, aber bislang weit entfernt geblieben. Doch nun, 1632, rückte die Gefahr in Form der Schweden näher, die ganz sicher nicht als Freunde frommer Frauen in katholischen Klöstern gelten konnten. Und tatsächlich, noch im selben Jahr wurde der Konvent überfallen und geplündert. Vor Ort blieb nur eine Rumpfbesetzung zurück, der Rest der Nonnen zerstreute sich ins nahe gelegene Buchhorn – das heutige Friedrichshafen –, nach Bregenz, Konstanz oder in die Schweiz. Die Zukunft der Ordensgemeinschaft stand auf dem Spiel – doch es kam noch viel schlimmer. War nach fast vierhundert Jahren das Ende gekommen? 1250 hatte ein angesehener Adeliger, Johann von Löwental, gemeinsam mit seiner Frau das Kloster in oder bei seiner Burg gegründet, welches er enthusiastisch »Himmelswonne« nannte, eine zwar für Klöster nicht ganz ungewöhnliche Namensgebung, die sich jedoch trotzdem nicht durchsetzte. Erfolgreicher war die Gründung selbst: Löwental wurde mit Ländereien und Wald sowie kurz darauf mit der Pfarrei Ailingen ausgestattet, dazu kamen Sonderrechte, die das Kloster von Interventionen des zuständigen Bischofs und des Landesherren nahezu unabhängig machten – man erhielt sogar eine selbstständige Mini-Pfarrei nur für die Klosterbediensteten und einige wenige Höfe in der Nachbarschaft. Der Zulauf war enorm, die Anzahl der Konventsmitglieder wuchs zwischenzeitlich auf sagenhafte 120 Frauen an und Löwental stieg zu einem der größten Klöster Schwabens auf. Ein Zweig der Grafen von Montfort wählte hier sogar seine Grablege. Die völlige Unabhängigkeit, die sogenannte Reichsunmittelbarkeit, schien nur noch eine Frage der Zeit. Doch der positive Trend hielt nicht an. Der Konvent schrumpfte wieder auf selten mehr als dreißig Nonnen, die Montforter verlegten ihre Grabstätte und wirtschaftlich darbte das Kloster dahin. Dazu kam ein nie nachlassender Dauerstreit mit der benachbarten Reichsstadt Buchhorn, die sich nie sonderlich begeistert zeigte über das Dominikanerinnenkloster direkt vor ihren Toren und auch von Selbstständigkeit konnte bald keine Rede mehr sein.

GERETTET 1634 verschwand das Kloster vor den Mauern. Buchhorn war zum zweiten Mal schwedisch besetzt, die Besatzung ließ die Gebäude vor der Stadt kurzerhand abreißen. Einige wenige Löwentaler Nonnen befanden sich noch in Buchhorn selbst, in einem dem Kloster gehörenden Gebäude, welches sie sich mit den Dominikanerinnen der Weißen Sammlung teilten – einem winzigen Kloster, mit dem man nun, wie schon lange gewünscht, 1640 endgültig fusionierte. Die restlichen Frauen lebten weit verstreut rund um den Bodensee. Der Fortbestand war ungewiss, der Krieg noch immer nicht zu Ende, wie nur allzu bewusst wurde, als noch 1647 die in Bregenz in vermeintliche

Portal des ansehnlichen Barockbaus

Sicherheit gebrachten Urkunden, Geldbestände und kirchlichen Wertgegenstände bei einem Überfall größtenteils verloren gingen. Entmutigen ließen sich die überlebenden Mitglieder nicht, aber der Wiederaufbau nach Kriegsende war mühsam. 1657 wurde er begonnen, zwei Jahre später zogen die ersten Nonnen an ihre alte Wirkungsstätte zurück, doch es dauerte ganze dreißig Jahre, bis die Kirche 1687 endlich durch feierliche Einweihung wieder ihrer Bestimmung übergeben werden konnte. Immerhin, die Situation stabilisierte sich, Löwental geriet in geruhsamere Fahrwasser, der Konvent umfasste meist an die 25 Schwestern. Das Verhältnis zur Nachbarstadt blieb nach wie vor angespannt, auch Kriegsereignisse drohten immer einmal wieder, aber zumindest die Existenz des Klosters stand nicht mehr in Frage. Bis die eigene Landesregierung – man gehörte zu Österreich – sich zur Gefahr auswuchs. Spätestens mit den Reformen des aufgeklärten Kaisers Joseph II. ab 1770 stand wieder alles auf dem Spiel. Klöster, die keine ›nützliche‹ Tätigkeit aufweisen konnten, sich also nur dem Gebet oder der Seelsorge widmeten, wurden für überflüssig befunden. Gerade Frauenklöster aber bevorzugten das kontemplative, von der Außenwelt abgeschottete Leben, so an sich auch die Dominikanerinnen. Doch Löwental besaß ein kleines Spital, in dem sogar Auswärtige ihren Lebensabend verbringen konnten und vor allem eine offensichtlich florierende Apotheke – die Gemeinnützigkeit des Klosters war damit erwiesen und die Auflösung erfolgreich abgewendet.

Die Klostermauer zieht sich in Teilen noch um das Gelände.

ALLES MUSS RAUS Dies schien auch der Fall, als es den benachbarten – nicht-österreichischen – Klöstern 1803 an den Kragen ging. Doch 1806 wurde Löwental ebenfalls württembergisch, der neue König leitete sofort die Auflösung ein. Die Ländereien und Wälder requirierte er für sich, die Nonnen durften gnädigerweise in Löwental bleiben, sie wurden mit Pensionen versehen. Doch schon kurz darauf wurde dieses Versprechen gebrochen, denn im Juni 1812 wurde den verbliebenen Klosterfrauen kurzerhand eröffnet, dass sie binnen 24 Stunden auszuziehen hätten. König Friedrich wollte in den Gebäuden eine Kaserne einrichten. Das Inventar wurde verschleudert, Soldaten zogen aber nur für wenige Monate ein und ab 1815 war das einstige Kloster verwaist. Nun ging es darum, aus den vorhandenen Gebäuden und der noch vorhandenen Ausstattung der Kirche möglichst viel Profit herauszuschlagen. Mehrfach veranstalteten die zuständigen württembergischen Beamten öffentliche Versteigerungen, die an sich gar nicht schlecht liefen, doch reizte dies die Behörden immer nur wieder zu Neuansetzungen, um noch größere Margen herauszuholen. Der Effekt war kontraproduktiv, die verprellten

↑ Durchlass in der Klostermauer …

↗ … aus markanten Seekieseln

Gewinner früherer Versteigerungen sprangen ab und als man auf die Idee verfiel, plötzlich nur noch das Gesamtensemble verkaufen zu wollen, blieb man endgültig auf dem Areal sitzen. Mit der Kirchenausstattung verlief es ähnlich. Schließlich wurden nur einige Einzelgebäude an den Mann gebracht, der Rest nach und nach abgerissen. Von den Kunstwerken wurde manches verkauft, manches verschenkt, manches verschwand für immer. In Brochenzell und in der modernen Kirche St. Petrus Canisius in Friedrichshafen sind Überbleibsel des Löwentaler Kircheninventars zu finden. Am Ort des Klosters blieb ein einziges Gebäude original erhalten, das kombinierte Beichtigerhaus, in dem sich die Wohnung des Priesters befand, der den Nonnen die Gottesdienste hielt, mit Klostermühle, immerhin ein stattlicher Barockbau des berühmten Baumeisters Johann Michael Beer. Zudem finden sich noch Reste der früheren Klostermauer. Durch die Zerstörung von Wohngebäuden aufgrund der Bombardierungen 1944 wurden darunter Ruinen der Kirche, des Kreuzgangs und des Konventbaus freigelegt – sie wurden in den 1950er-Jahren allerdings abgerissen.

Das besondere Erlebnis

Die Zerstörungen der Luftangriffe legten auch die Überreste der einstigen Pfarrkirche von Manzell wieder frei. Bereits 897 als »Basilika« erwähnt, war das Gotteshaus erstaunlich groß für seine überschaubare Gemeinde, aber erst um 1500 wurde es wenigstens zur Pfarrei erhoben. Beliebt war es im Barockzeitalter als Zielpunkt einer lokalen Wallfahrt mit Pferdeumritt. Doch 1806 wurde die Pfarrei aufgelöst, 1810 der Turm und der Chor abgebrochen und es erfolgte der Um- und Ausbau zu zwei Wohnhäusern, von denen eines allerdings 1840 bereits wieder verschwand. Später nutzten die Dornier-Werke das verbliebene Gebäude, das schließlich im Bombenkrieg zerstört wurde. Nun wieder als einstige Kirche recht gut erkennbar, sollte die Ruine gleichwohl in den 1950er-Jahren wie in Löwental restlos beseitigt werden, was allerdings nie geschah.

7

MORD MIT SÜHNE

Das Steinkreuz bei Hochdorf

Im Übergang zur Neuzeit existierte noch ein alter archaischer Brauch: Wer sich eines Tötungsdeliktes strafbar gemacht hatte, konnte durch Sühneleistung Abbitte tun. Die Alternative zur Todesstrafe wurde den Betroffenen jedoch alles andere als leicht gemacht.

Hochdorf, Landkreis Biberach (BC), BW **Ort** Gegenüber Sportplatz Kiesparkstadion, 88454 Hochdorf **GPS** 48.032932, 9.796303 **Anfahrt** Zug: Bahnhof Biberach/Riß (RE Lindau-Stuttgart) Auto: A7, Ausfahrt Berkheim, weiter auf B312/465

Tod vor dem Maisfeld: das Sühnekreuz bei Hochdorf

ALLES, WAS RECHT IST Nach 1500 schritt die Entwicklung im Heiligen Römischen Reich Deutscher Nation hin zum modernen Beamtenstaat immer weiter voran, die Fürsten entmachteten die weniger wichtigen Adeligen und bauten zugleich einen Verwaltungsapparat auf, der ihnen eine bessere Kontrolle über ihre Untertanen ermöglichte. Dazu gehörte auch eine neue rechtliche Ordnung, orientiert am römischen Recht, weg von alten Gebräuchen und überkommenen Gewohnheiten, wie sie noch in vielen Landstrichen vorherrschten. Mit der »Carolina«, der auf Geheiß Kaiser Karls V. erarbeiteten Halsgerichtsordnung von 1532, wurde ein allgemeines Strafgesetzbuch ins Leben gerufen, an dem sich die Justiz zu orientieren hatte. Doch schon vorher herrschten, wie der folgende Fall zeigt, keineswegs immer Willkür oder Verwirrung in der Rechtsprechung. Selbst schwere Verbrechen hatten nicht stets, wie sich das manche Fantasie noch immer ausmalt, grausame Strafen zur Folge, sondern als Grundlage diente oft der Gedanke der Sühne. Wer im Streit oder durch Unachtsamkeit für den Tod eines Mitmenschen verantwortlich war – Vergehen, die wir heute als Totschlag, Affektmord oder fahrlässige Tötung bezeichnen würden –, konnte unter der Vermittlung eines Gerichtsherrn auf Versöhnung mit den Hinterbliebenen hoffen, wenn er ehrliche Reue zeigte und eine ganze Anzahl an Strafmaßnahmen auf sich nahm. Diese waren alles andere als milde, aber sie erlaubten dem Täter ein Weiterleben – wenn auch für gewöhnlich nicht mehr in seiner ursprünglichen Gemeinschaft.

TOD BEI SCHWEINHAUSEN Ein Beispiel aus Oberschwaben gibt hierfür ein gutes, da urkundlich belegtes Zeugnis. Die vier Gebrüder Mohr, Hans und Jörg aus Heinrichsburg und Martin und Balthus aus Busenberg, kleinen Weilern der Umgebung, hatten Anfang 1520 bei Schweinhausen Hans Beutel aus Haidgau totgeschlagen, die genauen Umstände sind nicht überliefert. Was jedoch erhalten blieb, ist der sogenannte Sühnevertrag, der daraufhin durch Georg Truchsess von Waldburg, der erst kurz zuvor Schweinhausen durch Pfandschaft erworben hatte, aufgesetzt wurde. Von Waldburg, später als blutiger »Bauernjörg« wegen seiner Taten als Feldherr des Schwäbischen Bundes im Bauernkrieg reichsweit bekannt, trat auf Bitten der Täter und der Hinterbliebenen als vermittelnder Gerichtsherr auf. Die Gebrüder Mohr hatten offensichtlich die Verwandten Hans Beutels überzeugt, sich auf ein solches Verfahren einzulassen. Die einzelnen Bußauflagen, für die sich der Truchsess entschied, entstammten einer Art inoffiziellem Katalog für solche Vergehen und wurden ebenso individuell angepasst wie zugleich sehr exakt niedergeschrieben: Martin Mohr, dadurch womöglich als so etwas wie der Hauptverantwortliche zu erkennen, hatte an bestimmten Tagen, die ein Priester festlegte, am Grab des Toten nackt ein Kreuz zu tragen. War er krank oder anderweitig nicht in der Lage, diese Buße durchzuführen, musste einer der Mittäter einspringen. Zugleich wurden alle vier verpflichtet, aus 16 Pfund Wachs Kerzen herstellen zu lassen. Eine davon, je ein Pfund schwer, hatte Martin bei seinen Prozessionen zu tragen, vier sollten an der Bahre des Toten aufgestellt werden. Die übrigen elf würden für weitere Bußaktionen Verwendung finden. Einer der Täter musste sowohl eine Wallfahrt nach Einsiedeln in der Schweiz als auch nach Rom unternehmen und »jedem glaublich Kundschaft und Anzeigen bringen [,] daß solch Gäng verbracht seien«, folglich einen beglaubigten Nachweis von den Pilgerorten mitbringen, um zu belegen, dass er wirklich vor Ort gewesen war. Alle vier wiederum hatten insgesamt 37 Messen und drei Hochämter zu spendieren, die für das Seelenheil des von ihnen Getöteten zu lesen waren. Hinzu kam noch eine nicht unerhebliche Geldsumme, die an die Hinterbliebenen zu zahlen war. Und vor allem war da ein äußeres Zeichen, dass die vier sichtbar aufzustellen verpflichtet wurden: »Ein Kreuz vom Tuff nach gemeinem Brauch machen und dasselbig in der Herrschaft [,] da der Tote entleibt ist [,] setzen lassen«. Sie hatten ein sogenanntes Sühnekreuz zu errichten.

EIN SICHTBARES ZEICHEN Dieses steht sogar heute noch, der Überlieferung folgend, am ursprünglichen Standort, was bei Sühnekreuzen, die oft dem Straßenbau oder der Flurbereinigung weichen mussten, alles andere als selbstverständlich ist. Auch das Hochdorfer Exemplar soll mehrfach umgebettet, aber letztlich wieder an den ursprünglichen Aufstellungsort zurückgebracht worden sein. Hier, an der Straße zwischen Hochdorf und Schweinhausen, war das Verbrechen demnach einst geschehen. Gegenüber der Einfahrt zur Schweinhauser Sportanlage ist es am Fahrbahnrand bei nicht allzu hohem Bewuchs gut zu erkennen. Das massive Kreuz besitzt eine grobe Tatzenform – wie das berühmte Eiserne Kreuz – der rechte Arm ist durch Beschädigung stark verkürzt und wie üblich steckt ein Großteil des Schaftes tief und nicht sichtbar im Boden. Die durch von Waldburg ausgesprochenen Strafen waren, auch wenn sie in diesem bestimmten Fall teilweise durch vier geteilt werden konnten, keineswegs ein Pappenstiel: die verschiedenen Geldbeträge, auch für die Kerzen, die Messen und den Stein, waren durchaus aufwendig und eine Wallfahrt nach Einsiedeln und Rom ein weiter, beschwerlicher und nicht immer ungefährlicher Weg über einen langen Zeitraum hinweg. Erspart blieb den Vieren eine sonst bei Sühneverträgen oft übliche weitere Sanktion, die Ausweisung aus dem Herrschaftsgebiet. Für gewöhnlich wurde den Hinterbliebenen nicht zugemutet, dass sie dem Täter oder den Tätern weiterhin begegnen mussten. Womöglich bestand hier diese Gefahr aufgrund der räumlichen Entfernung der Familien nicht. Sühnekreuze werden häufig zu Sagenorten, was kaum verwundern kann, schließlich sind sie mit tatsächlichen Verbrechen verbunden. Dementsprechend soll es auch um das Hochdorfer Kreuz keineswegs geheuer sein, sogar von Geistererscheinungen wird berichtet. Manch einer geht deshalb nach Einbruch der Dunkelheit nur ungern an der Stelle vorbei, wo das Mahnmal nur zu deutlich darauf hinweist, dass hier jemand den Tod fand.

Das besondere Erlebnis

Eine interessante Umwidmung erfuhr ein Sühnekreuz in Weingarten. Es befindet sich nahe dem inzwischen ehemaligen Krankenhaus Vierzehn Nothelfer in der Burachstraße – wohin es allerdings erst später versetzt wurde. Zu Beginn des 19. Jahrhunderts schuf man in der Kreuzmitte eine Vertiefung, um dort eine Plakette einzufügen, die, wie die Aufschrift verrät, an das Hungerjahr 1817 erinnern soll. Das einstige Sühnezeichen, über dessen ursprüngliche Aufstellungsgründe nichts bekannt ist, wurde so als »Hungerkreuz« zu einem lokalen Gedächtnisort an das durch einen Vulkanausbruch in Indonesien verursachte berühmte »Jahr ohne Sommer« 1816, in dem es zu massiven Ernteausfällen und in der Folge zu Hungersnöten kam.

Die andere Seite des Steinkreuzes an der Landstraße.

Inzwischen ziemlich gut versteckt überquert die Brücke die Argen.

8

DER GELÖSTE KNOTEN

Bahnstrecken nach Isny

Früh bemühte sich Isny um eine eigene Eisenbahn, zwischenzeitlich sah es sogar so aus, als könnte die Stadt ein bedeutender Knotenpunkt werden. Doch schon lange halten dort überhaupt keine Züge mehr.

Isny, Landkreis Ravensburg (RV), BW **Ort** Bahnhof 1, 88316 Isny im Allgäu
GPS 47.699011, 10.044748 (Bahnhof Isny) 47.687461, 10.081038 (Argenbrücke)
Anfahrt Zug: Bahnhof Wangen (RE Lindau-Memmingen-München). Auto: A7, Ausfahrt Kißlegg

PIONIERE IN ISNY 1835 rollte mit dem »Adler« der erste deutsche Zug von Nürnberg nach Fürth und nur drei Jahre später dachten die Stadtoberen von Isny darüber nach, wie sie diese neue Erfindung für ihre Gemeinde nutzen könnten. Sie hatten gute Gründe dafür – oder genauer: schlechte. Über Jahrhunderte war Isny eine Art Mini-Kempten gewesen (siehe 11): Eine freie Reichsstadt, in der aber zugleich ein mächtiges Kloster saß. Mit der Reformation wurde die Konkurrenz noch verstärkt, und Isny war eine streng protestantische Reichsstadt, in der aber zugleich ein katholisches Kloster verortet war. Ähnlich wie in Kempten war man sich in herzlicher Abneigung zugetan, der Unterschied war allerdings, dass anders als in der Iller-Metropole weder die Reichsstädter noch die Äbte über ein großes Territorium verfügten, ihre jeweilige Macht endete fast schon mit den Stadt- bzw. Klostermauern. Umso schlimmer aus Sicht der Reichsstädter, dass Isny nach den Verheerungen des Dreißigjährigen Krieges, als der Ort fast komplett niederbrannte, wirtschaftlich keinen Fuß mehr auf den Boden brachte, während sich das Kloster prächtig entwickelte und 1781 sogar die Reichsfreiheit erlangte. Fortan war es tatsächlich ein Staat im Staate beziehungsweise ein Staat im Stadtstaat. Lange erfreuen konnte es sich daran nicht, 1803 wurde es säkularisiert und mit der gleichzeitig mediatisierten Reichsstadt zusammengeschlossen, 1806 fielen beide an das Königreich Württemberg. Und daher rührten die Probleme der Stadtväter von 1838. Stadt und Umland galten als wirtschaftlich rückständig und nun war man auch noch in die allerletzte Ecke im Südosten des neuen Königreiches Württemberg regelrecht hineingezwängt worden, wobei manch einer mit einem Wechsel in das sehr nahe gelegene Bayern liebäugelte. Helfen sollte da nun die Eisenbahn. 1838 dachte man noch an eine Verbindung mit pferdegezogenen Wagen von Isny nach Wangen und weiter an den Bodensee, im Jahr darauf schloss man sich einem Eisenbahnverein an, der verschiedene Streckenprojekte propagierte.

VON LEUTKIRCH NACH ISNY Die Grenzlage Isnys blieb ein Hemmschuh. Nach dem Erfolg in Nürnberg machten sich die Bayern schnurstracks daran, eine Großstrecke von Lindau nach Hof quer durchs Land in Angriff zu nehmen. Die Linienführung über Isny zu ziehen oder wenigstens eine Anbindung an diese zum Beispiel via Memmingen zu erreichen, scheiterte erwartungsgemäß am Einspruch Stuttgarts – eine ausländische Bahn wollte man nicht unterstützen. Die eigene württembergische Hauptlinie, die Südbahn, führte in weiter Ferne an der ehemaligen Reichsstadt vorbei. Das Eisenbahnkomitee brachte zwar eine Anbindung über Essendorf ins Spiel, aber dorthin wurde letztendlich nur die Straße ausgebaut. Über

Reste der Gleise im Kemptener Gewerbegebiet

Natur und Rost haben die Argenbrücke fest im Griff.

dreißig Jahre seit den ersten Vorschlägen gingen ins Land und Isny war noch immer ohne Eisenbahn. Dies änderte sich schließlich 1868, als in Stuttgart die Verlängerung der Strecke Herbertingen-Aulendorf-Leutkirch genehmigt wurde: Neuer Endpunkt der Linie sollte Isny sein! 1874 dampfte dann endlich der erste Zug im provisorischen Bahnhof der Stadt ein. Denn nun hatte man durchaus Großes vor, die ersten Gebäude blieben erst einmal noch klein, da man als baldiger Knotenpunkt auf prächtigere Bauten hoffte. Weiterhin im Raum stand der Bau einer Verbindung nach Wangen, dazu kamen Überlegungen zur Fortsetzung der Bahnstrecke in Richtung Röthenbach nach Süden und Kempten nach Osten. Isny schien tatsächlich auf dem Weg, ein wichtiger Bahnknotenpunkt im Allgäu zu werden. Einen massiven Dämpfer erhielten diese Pläne allerdings durch einen Blick auf die Zahlen: Die Strecke Leutkirch-Isny erfreute sich keineswegs großer Beliebtheit, weder im Personen- noch im Güterverkehr. Fünfzehn Jahre nach Eröffnung wurde sie zur Nebenbahn herabgestuft. Wirklich rentabel war sie nie, sodass sich die Bahn früh für eine Stilllegung aussprach, die schließlich 1969 für den Personen- und 1976 für den Güterverkehr durchgesetzt wurde. Da sofort ein Teil der Gleise entfernt und anderenorts neu verwendet wurde, war an eine Wiedereröffnung in der Zukunft nicht zu denken, auch wenn ein kleiner Teil der Strecke bei Leutkirch noch bis 2007 für die Bundeswehr in Betrieb blieb.

Nur noch wenige Meter wären es bis zum heutigen Kemptener Hauptbahnhof.

VON KEMPTEN NACH ISNY Aber da war ja noch der bayerische Anschluss. Von den vielen Planungen wurde nach zähem Ringen und mit viel Verspätung 1909 nur die Strecke nach Kempten beziehungsweise zum bayerischen Grenzort Sibratshofen tatsächlich umgesetzt. Die Stadt erhielt damit endlich stattlichere Bahnhofsgebäude und einen zusätzlichen bayerischen Lokschuppen. Dass die Hoffnungen auf eine Bezeichnung als Knotenpunkt noch immer nicht gänzlich abgeschrieben waren, bildete sich in der Kuriosität ab, dass Isny Kopfbahnhof blieb und die Züge aus dem Osten und Norden die letzten Kilometer auf den gleichen Gleisen fuhren. Eine weitere Besonderheit war die Überwindung der europäischen Wasserscheide bei Schwarzerd, mit 937,9 Höhenmetern war dies kurze Zeit – vor dem Bau der Bahnstrecke zum Feldberg – der höchste Punkt einer deutschen Eisenbahnlinie. Vorher ging es bergauf, danach bergab, denn an sich war der Höhenunterschied zwischen den Städten Isny und Kempten nicht sonderlich groß. Als 1969 die Verbindung nach Leutkirch gekappt wurde, hatte die Bundesbahn auch bereits die Stilllegung der Kemptener Strecke im Auge. Doch die beiden beteiligten Bundesländer erhoben Einspruch. In der Führungszentrale der Bahn wird deshalb keine Trauer ausgebrochen sein, als ein technisches Gut-

Die Bahnhofsuhren sind noch da, die Gleise in Isny fehlen inzwischen.

achten 1982 einigen Brücken der Strecke bedenkliche Mängel bescheinigte, woraufhin der Verkehr erst zwischen Isny und Sibratshofen und 1984 dann zwischen Sibratshofen und Kempten eingestellt wurde. Auf dem Papier existierte die Verbindung offiziell noch bis 1986, das allerletzte Teilstück wurde 1992 außer Betrieb genommen. Aus der Strecke wurde in Teilen ein Radweg, im Winter sogar eine Langlaufloipe, außerdem diente sie als Kulisse für den Film »Wallers letzter Gang«. Zahlreiche Bahnhofsgebäude sind erhalten geblieben, auch zeichnet sich der Bahndamm noch vielerorts gut sichtbar in der Landschaft ab, allerdings überwiegend ent-gleist. Ein gut verstecktes Relikt im Wald ist die Brücke über die Argen bei Kleinholzleute. Das noch immer vorhandene rostfarbene Metallungetüm war einer der Hauptübeltäter, die für die Stilllegung im Jahr 1982 verantwortlich waren.

Das besondere Erlebnis

Eine weitaus größere Bedeutung erlangte dagegen der Abschnitt Leutkirch-Memmingen, der mit der Euro-City-Verbindung Zürich-Bregenz-München sogar Teil des internationalen Fernverkehrsnetzes ist. Am ersten nördlich von Leutkirch gelegenen Bahnhof allerdings rauschen die Züge vorbei, egal ob EC oder Bummelbahn. Unterzeil – nomen est omen – liegt wunderschön unter Schloss Zeil, dem der Bahnhof sein langes, inzwischen jedoch sichtbar beendetes, Überleben verdankte. Für den Personenverkehr war der Halt nie sonderlich attraktiv, allerdings war er direkt vom fürstlich Zeilschen Holzhof umgeben, weshalb hier reger Gütertransport stattfand. Der Holzhof ist aber inzwischen ebenso Geschichte wie der Bahnhof Unterzeil, dessen Gebäude dem Verfall preisgegeben sind.

9

ABGEBRANNT

Die Rosenbrauerei in Kaufbeuren

Das Ende der Karriere der historisch bedeutsamen Rosenbrauerei als Lost Place schien nach jahrelangem Leerstand endlich in Sichtweite. Doch Streitigkeiten und ein verheerendes Feuer stellen alles wieder in Frage.

Kaufbeuren, Stadtkreis Kaufbeuren (KF), BY **Ort** Hohe Buchleuthe 7, 87600 Kaufbeuren (Rosenbrauerei) **GPS** 47.877656, 10.618327 (Rosenbrauerei) **Anfahrt** Zug: Bahnhof Kaufbeuren (IC, RE Lindau-Buchloe-Augsburg/München). Auto: A96, Ausfahrt Jengen/Kaufbeuren

Die noch vorhandenen Überbleibsel der Rosenbrauerei sind durchaus hübsch.

FEUER Wer am Donnerstag, den 2. Juni 2022, nachmittags durch Kaufbeurens belebte Fußgängerzone und zentrale Achse der Stadt, die Kaiser-Max-Straße lief, dessen Blick traf unweigerlich auf ein geradezu apokalyptisches Bild: Dort oben am Ende stand ein auffälliges Gebäude in Flammen, die meterhoch aus dem Dachstuhl schlugen und eine weit bis ins Umland sichtbare Rauchsäule erzeugten. Einheimischen war natürlich sofort klar, um welches Gebäude es sich handelte, das ehemalige, nach seinem Architekten benannte Hauberrisser-Haus der einstigen Rosenbrauerei. Seine exponierte Lage auf dem Afraberg, einem Hügelrücken im Westen der Altstadt, hatten die Erbauer für das repräsentative Haus clever genutzt, denn somit war das für ein Brauereigebäude außergewöhnliche Schmuckstück mit seinen neobarocken Zügen und Jugendstilelementen von weithin sichtbar. Natürlich stand es unter Denkmalschutz. Dies macht den Verlust umso tragischer. Die Feuerwehr und die Baubehörden geben der Brandruine wenig Überlebenschance, zu groß sind die Schäden. Noch Wochen nach dem Großfeuer konnte das Haus wegen Einsturzgefahr nicht betreten werden, als Ursache wird Brandstiftung vermutet. Doch stand es um das Gebäude schon vorher nicht sehr gut, was, Glück im

Die benachbarte Metallgießerei ist nicht minder markant.

Unglück, immerhin dazu führte, dass keine Menschen zu Schaden kamen: Das Haus stand seit Langem leer. Die Rosenbrauerei, deren Geschichte unter später teils wechselnden Namen mindestens bis ins 17. Jahrhundert zurückgeht, war 1997 an die einzig verbliebene Konkurrenz der Aktien-Brauerei, ihren Nachbarn, übergegangen. Große Teile des Geländes waren seitdem ungenutzt, doch …

WAS NUN? … dies schien 2018 endlich ebenfalls Geschichte zu sein. Ein Investor hatte das gut 3,5 Hektar große Areal auf dem Afraberg erworben, ein modernes Wohngebiet insbesondere für Familien sollte dort zwischen der Metallgießerei (siehe unten) und der Aktien-Brauerei entstehen. Der Großteil der alten, längst nicht mehr ansehnlichen Rosenbrauerei-Anlagen würde dadurch verschwinden – bis auf das Hauberrisser-Haus und die Zeppelinhalle, ein nicht weniger imposantes Gebäude in buntem Neobarock, das als Veranstaltungsraum genutzt wurde. Dies schien die perfekte Lösung für die Rettung dieser historischen Gebäude vom Anfang des 20. Jahrhunderts zu sein, doch ging leider seither nichts voran. Stadt und Investor sind sich in vielem uneinig, die örtliche Baubehörde agiert mit guten Gründen und aus schlechter Erfahrung vorsichtig, der Unternehmer wiederum beklagt zu viel Bürokratie und mangelnde Planungssicherheit. Ausgang offen. Für das Hauberrisser-Haus aber hat sich, bitter genug, die Diskussion um seine Zukunft wohl erledigt.

Die Gebäude der einstigen Metallgießerei wirken jetzt bereits heruntergekommen.

Manches Nebengebäude wuchert ein …

… wo ohnehin kein Besucher mehr parkt.

Das besondere Erlebnis

In direkter Nachbarschaft zur ehemaligen Rosenbrauerei lag auf der Hohen Buchleuthe die Metallgießerei Böttcher. Auch sie ist folglich von der Altstadt aus nicht zu übersehen, im Gegenteil, die hohen Fabrikgebäude im Backsteinstil, unter Denkmalschutz stehend, prägen das Panorama auf dem Hügelrücken. Aus der Nähe betrachtet präsentiert sich das Gelände nach dem Firmenende 2021 deutlich weniger eindrucksvoll, es erstaunt immer wieder, wie schnell der Verfall einsetzt, sobald Gebäude nicht mehr genutzt werden. Eines der letzten Erzeugnisse der Firma kann man im Buron-Center an der Josef-Landes-Straße bewundern, Teile der dort 2020 aufgestellten Brunnen des Künstlers Roman Harasymiw entstanden noch durch die einheimische Metallgießerei.

Verblasste Aufschriften erinnern an spätere Nutzer des Beginenhauses.

10

ZÄHE RETTUNGSVERSUCHE

Das Beginenhaus in Kempten

An historischen Stätten ist Kempten keineswegs arm, gleichwohl nimmt das Beginenhaus eine besondere Stellung ein: Nicht nur ist es eine Fundgrube für die Stadtgeschichte, es ist auch seit Jahrzehnten vom Verfall bedroht.

Kempten, Stadtkreis Kempten (KE), BY **Ort** Burgstr. 3 / Burghaldegasse 4, 87435 Kempten **GPS** 47.724576, 10.321963 **Anfahrt** Zug: Bahnhof Kempten im Allgäu (IC, RE Lindau-Buchloe-Augsburg, RB Pfronten-Kempten). Auto: A7 bis Kreuz Kempten

DAS GEHEIMNISVOLLE TOR 1910 brachte die in der Stadt beheimatete Kösel'sche Buchhandlung einen in Aussehen und Inhalt an der damals beliebten Baedeker-Reihe orientierten Führer für »Die Stadt Kempten und ihre Umgebung« heraus, der unter anderem Folgendes empfahl: »Wir schreiten durch die Bäckergasse ostwärts bis zur Einmündung der Burggasse und erblicken in dieser eine Schmiede, deren Torbogen unser Interesse weckt. Er zeigt das in Stein gehauene Bild eines Lammes und trägt die Inschrift: ›Das ist das Lamgotz (Lamm Gottes) Stammhalter der christenhait. 1502‹.« Wer diesen Weg heute nachvollzieht, wird enttäuscht sein. Weniger überraschen dürfte, dass es hier inmitten der Altstadt keine Schmiede mehr gibt, doch auch das empfohlene Tor ist nicht mehr zu sehen. Nichtsdestotrotz fiel es keineswegs Kriegsschäden oder gedankenloser Renovierung zum Opfer – es existiert tatsächlich noch immer. 1936 wurde es zwar aus dem Anwesen in der Burggasse 3 ausgebaut, da es der dort angesiedelten Werkstatt im Weg war, 1943 aber auf der Rückseite desselben Gebäudes in der Burghaldengasse wieder eingebaut. Dort kann man es folglich genauer studieren, denn die Angaben des alten Stadtführers sind nicht ganz richtig. Korrekt lautet die Inschrift des Bogens: »Das ist das lamgotz ain biu haltter der cristenheit« und es zeigt nicht nur das erwähnte Lamm Gottes, sondern zugleich auch eine segnende Hand, dazu kommt die erwähnte irritierende Jahreszahl 1502, die nach Expertenmeinung nicht zum restlichen Alter der architektonischen Merkmale des Tores passt, die eher gut 150 Jahre früher anzusetzen sind. Für beides gibt es jedoch plausible Erklärungen. Die mittelalterlichen Inschriften und Bilder deuten auf die Verwendung des Gebäudes als sogenannte Sammlung hin, einer Wohnstätte freiwillig zusammenlebender religiöser Frauen, eine Art Mini-Kloster, aber ohne offizielle Ordensregel. Allgemein ist diese in jenen Tagen recht beliebte Lebensform als Beginen bekannt, in der Region nannte man solche Zusammenschlüsse schlicht »Schwestern« oder »Töchter«. 1502 hatten jedoch wohl neue Besitzer das Haus übernommen, es möglicherweise renoviert und deshalb die Jahresangabe dort anbringen lassen.

FUNDSTÜCKE Wer in der Burggasse vorbeikommt, ist womöglich weniger über das abgewanderte Tor verblüfft, sondern eher über den erschreckenden Zustand des Gebäudes, das erst seit dem 19. Jahrhundert als Beginenhaus bezeichnet wurde. Die zu ihm gehörende Rückseite, über neuere Zwischengebäude und einen Innenhof verbunden, in der nun das Tor integriert ist, war einst Teil der inneren Stadtmauer und ist – ebenfalls nachträglich – als Nonnenturm bekannt. Das Äu-

So wie links angedeutet soll es (wieder) werden.

ßere prägen Veränderungen des 16. Jahrhunderts, darunter eine Aufstockung, als die frommen Frauen längst ausgezogen waren – mehrere der Gemeinschaften hatten zusammen das Anna-Kloster in der Nähe gegründet, das aufgrund der Reformation später nach Lenzfried abwanderte – und reiche Familien aus dem Kemptner Establishment die Räumlichkeiten für sich nutzten, was naturgemäß mit mehr Komfort verbunden war. Sie hinterließen mehr Spuren als ihre Nachfolger im 19. und 20. Jahrhundert, als Beginenhaus und Nonnenturm verschiedensten Zwecken dienten, neben Wohnraum gab es dort Werkstätten und zwischenzeitlich sogar einen kleinen Supermarkt. Ab Mitte der 1980er-Jahre stand das Ensemble leer, was ihm einerseits zuträglich war, da keine weiteren Veränderungen der wertvollen Bausubstanz vorgenommen wurden, diese dadurch aber andererseits dem zunehmenden Verfall ausgesetzt wurde. Im Inneren sind die Gebäude eine wahre Fundgrube: Der Keller des Beginenhauses entstammt noch dem 13. Jahrhundert, Parterre und erster Stock wurden um 1357 errichtet, wie wissenschaftliche Analysen des Holzes ergaben. Aus der Renaissance blieben nicht nur Zimmerdecken und Fensterverkleidungen, sondern auch teilweise die Wandbemalung erhalten – im Inneren und außen an der Fassade. Selbst einige grüne Fliesen wurden aufgefunden. Der Nonnenturm steht dem in nichts nach: Hier ist, einmalig in Kempten, der in das Haus integrierte Wehrgang der Stadtmauer erhalten, mitsamt Zugängen zu den Nachbarhäusern. Der einstige Aufgang, die Treppe, der das Haus seinen mittelalterlichen Namen »zu der Stiege« verdankte, ist zwar verschwunden, dafür finden sich noch die alten Schießscharten. Auch der Nonnenturm entstammt dem 14. Jahrhundert und kann noch einige Überbleibsel der Veränderungen aus der Renaissance aufweisen, darunter ebenfalls wertvolle Decken und Wandzeichnungen.

Spröder Charme eines eingebauten Ladengeschäftes

WAS WAR UND SEIN WIRD Im Nonnenturm befindet sich zudem ein großer begehbarer Kamin, der vermutlich etwas über die einstigen Aufgaben der Bewohnerinnen verrät. Die Beginen übernahmen für gewöhnlich verschiedene, meist soziale Dienste, sie halfen in der Krankenpflege, im Bestattungswesen, stellten religiöse Gegenstände her oder – und darauf deutet in unserem Fall die großzügige Kochstelle hin – betreuten reisende Pilger und Fremde. Dafür spricht ebenso die prominente Lage des Anwesens, gleich bei der Brücke über die Iller an einer der Hauptachsen der Stadt. Gerade diese macht den traurigen Zustand heute problematisch, auch wenn die Zeiten zum Glück vorbei sind, in denen die Gebäude lediglich als Schandfleck und Ärgernis empfunden wurden. Doch ein Umdenken allein, für das sich vor allem ein umtriebiger Förderverein einsetzt, der die Bedeutung des Beginenhauses stets von Neuem ins Gedächtnis ruft und mit vielen Aktionen um eine Änderung der Verhältnisse bemüht ist, wird die Gebäude nicht retten können. Immerhin, 2005 hat die Stadt das gesamte Anwesen erworben und

↑ Hinter dem hässlichen Putz verbergen sich Schätze.
↗ Es muss noch viel getan werden. Helfen Sie mit!

Unterstützung im Rahmen ihrer Möglichkeiten zugesagt. Neben dem Förderverein ist der Denkmalschutz engagiert und sogar eine Schülergruppe hilft bei der Erforschung und dem Erhalt mit. Trotzdem hat sich leider nur wenig getan, ausgerechnet das Alter und die vielen erwähnten Besonderheiten und Funde machen die Restaurierung selbst bei einem bereits ausgearbeiteten Nutzungskonzept für die Zukunft zu einer zähen und natürlich teuren Angelegenheit. Die gute Nachricht: Jeder kann dazu beitragen, dass Beginenhaus und Nonnenturm vom Lost Place wieder zum Schmuckstück werden. Der Förderverein freut sich über jede Unterstützung!

Das besondere Erlebnis

Die Häuser 39 und 41 in der Duracher Straße (B309 stadtauswärts) weisen an ihren Ecken auffällige Pfeiler auf, die leicht als eingemauerte, frühere Torpfosten zu erkennen sind. Tatsächlich handelt es sich um die einzigen Überreste des früheren »Grünschlößle«, eines bereits im 16. Jahrhundert als »Kronschelldorf« erwähnten bürgerlichen Gutes. Die Reste der Toreinfahrt entstammen dem 18. Jahrhundert, als das Grünschlößle vermutlich im Barockstil erneuert worden war. 1851 brannte es komplett ab und wurde nicht wieder aufgebaut.

11

RENOMMIEREN UND RENOVIEREN

Der Chapuis-Park in Kempten

Er befindet sich auf geschichtsträchtigem Boden, schon die Römer und Reichsstädter lebten hier. Das heutige Aussehen des Chapuis-Parks ist aber zweihundert Jahre lang durch bedeutende Kemptner Kaufmannsfamilien geprägt worden.

Kempten, Stadtkreis Kempten (KE), BY **Ort** Füssener Str. 92, 87437 Kempten **GPS** 47.724984, 10.324519 **Anfahrt** Zug: Bahnhof Kempten im Allgäu (IC, RE Lindau-Buchloe-München, RB Pfronten-Kempten). Auto: A7 bis Kreuz Kempten

Ein an sich noch immer sehr hübsches Park-Haus

DER UNTERGANG DER ILLERVORSTADT Einig war man sich nur in der Zwietracht. Über Jahrhunderte hinweg existierte Kempten als Doppelstadt, als zwei politisch unabhängige Staatswesen, die wie siamesische Zwillinge aneinander gekettet waren, sich aber alles andere als brüderlich verhielten. Die Stiftsstadt unter Herrschaft des Fürstabtes und die Reichsstadt pflegten eine herzliche Abneigung, die durch die zusätzliche Trennung in zwei Konfessionen seit der Reformation noch um einiges verstärkt wurde. Hinzukam, dass das bürgerlich evangelische Kempten zwar die bedeutendere Siedlung war – mehr Einwohner, wichtigere Handelsbeziehungen –, die katholische Stiftsstadt wiederum aber in das größere und wichtigere Territorium der Fürstabtei integriert war, das die Reichsstadt zu allem Überfluss komplett umgab. Man gönnte sich nichts und wünschte dem jeweiligen Nachbarn nicht selten das Schlechteste – und der Dreißigjährige Krieg bot schließlich die Möglichkeit, diesen Groll in die Tat umzusetzen. Je nach Lage war nun die eine Partei mit ihren Verbündeten – den Schweden für die Reichsstadt, den Kaiserlichen für das Stift – obenauf und ließ ihren aufgestauten Furor an der Gegenseite aus. Am Ende lag das Stift in Schutt und Asche, nicht ohne selbst für massive Zerstörungen in der Reichsstadt gesorgt zu haben. Hierzu gehörte die völlige Vernichtung der Illervorstadt auf dem Ostufer des Flusses. Umgeben von einer eigenen Stadtmauer, hatte sich hier eine Ansiedlung gebildet, die der Reichsstadt vorgelagert war und unter anderem die wichtige Illerbrücke schützte. Davon war um 1650 nichts mehr übrig. Sämtliche Häuser lagen in Schutt und Asche, die Ummauerung war durchbrochen und eingefallen. Nur diese setzte man um 1660 wieder instand, der Rest blieb sehr lange Zeit unbebaut. Erst um 1720 erwarb ein Angehöriger eines begüterten Kemptner Kaufmannsgeschlechts, Jakob Fehr, mehrere Grundstücke in der einstigen Illervorstadt und ließ dort ein barockes Lusthaus errichten, einen Freizeitsitz, zu dem auch gemäß den Vorgaben des Zeitalters ein hübscher Park, dementsprechend Lustgarten genannt, zu gehören hatte. Es war der Beginn des heutigen Chapuis-Parks.

AUFERSTANDEN AUS RUINEN Der Besitz blieb in der Familie, die weiter aufstieg und schließlich sogar – Kempten war inzwischen bayerisch und vereint – in den Adelsstand erhoben wurde. Kommerzienrat Johann Felix von Fehr erwarb nun die aufgegebenen Stadtmauerreste um seinen Park herum und ließ das alte Lusthaus so gut wie neu erbauen. Viel Freude hatte er daran nicht mehr, schon 1812 verstarb er, nachdem seine Firma in Konkurs gegangen war. Seine Erben konnten das Anwesen nicht halten und verkauften Villa und Park, neue Besitzer gaben sich die Klinke in die Hand, bis 1837 mit August Friedrich Roth erneut ein Kaufmann zugriff, der große und längerfristige Pläne mit den Gebäuden und auch die nötigen Mittel hierfür hatte. Erst einmal ließ er um das gesamte Grundstück eine Mauer errichten – Ärger mit den Nachbarn inbegriffen –, für die er die vorhandenen Reste der Stadtbefestigung integrierte und den dazugehörigen Turm erneuern ließ. Allerdings ließ er die Ruine abtragen und statt des runden einen eckigen neugotischen Turm errichten. Wieder war die Freude an der Neugestaltung kurz: 1843 wurde Roth psychisch krank und verstarb noch im gleichen Jahr. Sein Firmenkompagnon Franz Benjamin Chapuis, gebürtiger Schweizer, übernahm das Unternehmen und später das Anwesen und heiratete die Schwester des Verstorbenen. Unter ihm veränderte das gesamte Ensemble noch einmal völlig sein Aussehen. Der Park wurde erneuert, der Pavillon (um 1860) und der gusseiserne Brunnen kamen hinzu und unter Sohn Wilhelm wurden 1883 die Nebengebäude (die Remise und der Stall) erbaut. Aber dies sollte noch nicht das Ende der Vorhaben sein. 1898 wurde der Umbau des Haupthauses in Angriff genommen, vom Vorgänger blieb äußerlich wenig übrig. Chapuis Junior wollte einen repräsentativen Bau im Stil der Zeit – und das war der Historismus. Seine Pläne gingen noch viel weiter, ein mächtiger Turm sollte das Werk krönen, wurde jedoch aus unbekannten Gründen dann doch nicht angefügt. Ein Hingucker am Illerufer war die Villa mit ihrem großzügigen Parkgelände trotzdem und die Familie Chapuis gehörte zur Hautevolee der Stadt.

EIN WOHNPARK? Nachfahren der Chapuis bewohnten das Haus bis Mitte der 1980er-Jahre trotz wechselnder Schicksale – Beschlagnahmung durch die amerikanische Armee, Einquartierung von Ostflüchtlingen –, doch im Anschluss stellte sich für die Stadtoberen die Frage, was mit dem Haus und dem Park nun zu tun sei. Der Zustand beider war nicht mehr allzu ansehnlich, aber es gab bereits Investoren, die sich vor allem für das Grundstück interessierten, um hübsche Wohnanlagen in bester Lage zu errichten. Wohl noch gut zehn Jahre zuvor wäre die Planierung des Parks vermutlich reibungslos über die Bühne gegangen, aber in den 1980er-Jahren hatte sich ein Bewusstsein zur Erhaltung von Natur, aber auch von historischen Bauten gebildet. Der Denkmalschutz nahm Villa, Nebenbauten und den Stadtturm unter seine Fittiche, die Stadt verfügte die Beibehaltung des Parks. Neue Verwendungen mussten gefunden werden: In die Nebengebäude zog passenderweise die Stadtarchäologie ein, ließen doch römische Funde vermuten, dass hier einst Bauten Cambodunums standen, die den Hang heruntergerutscht waren. Zwar zog das neue Römermuseum nicht hierher, dafür aber die Villa Viva, die sich um Menschen mit Hirnverletzungen kümmerte; inzwischen tummelt sich im Haupthaus Kemptner Nachwuchs, es ist zum Kindergarten geworden. Der Chapuis-Park wurde Anfang der 1990er-Jahre in viel Kleinarbeit wiederhergestellt, der Pavillon, die Brunnen und der Stadtturm renoviert, Wege angelegt und Tafeln aufgestellt. Der Glanz und die Aufbruchsfreude jener Tage ist allerdings inzwischen, was den Park angeht, leider wieder verblasst. Wer durch den Hof der Stadtarchäologie geht, vorbei an rekonstruierten Hütten, Öfen und antiken Werkzeugen, stößt auf einen etwas vernachlässigten Garten hinter der Villa und steigt durch einen verwilderten Park, der seinen Charme wieder einmal verändert, aber bewahrt hat.

Das besondere Erlebnis

Verlässt man den Chapuis-Park durch das Tor am oberen Ende (Abelin-Rogel-Weg), so befindet man sich bereits mitten auf dem Gelände des römischen Freiluftmuseums Archäologischer Park Cambodunum (APC), ein absolutes Highlight für jeden Liebhaber der Antike. Auf den teilrekonstruierten Überresten der einst bedeutenden Römerstadt gibt es frei zugängliche Abschnitte – etwa den liebevoll gestalteten großen Spielplatz – und die Museumsanlagen im Tempelbezirk und den Kleinen Thermen. Hinzukommen ein Museumshop, eine Taberna mit Biergarten, viele Aktionstage und Veranstaltungen für Erwachsene und Kinder sowie Sonderausstellungen. Mehr Informationen unter https://apc-kempten.de/

Ein genauerer Blick
verrät dann doch einige Mängel.

Die Residenz war die Machtzentrale des Fürststifts Kempten.

12

DER RICHTER

Hexenprozesse in Kempten und Unterthingau

Als »letzte Hexe« im Heiligen Römischen Reich wurde Anna Maria Schwegelin berühmt-berüchtigt. Doch ihr Schicksal verlief anders als gedacht. Weniger Glück hatten ihre Vorgängerinnen, die vor dem gleichen Richter standen.

Kempten, Stadtkreis Kempten (KE), BY Unterthingau, Landkreis Ostallgäu (OAL), BY
Ort Ecke Residenzplatz/Pfeilergraben, 87435 Kempten, Marktplatz 9, 87647 Unterthingau
GPS 47.727810, 10.314043 (Anna-Schwegelin-Brunnen Kempten) 47.771060, 10.506090 (Schloss Unterthingau) **Anfahrt** Zug: Bahnhof Kempten im Allgäu (IC, RE Lindau-Buchloe-Augsburg, RB Pfronten-Kempten). Auto: A7 bis Kreuz Kempten (nach Unterthingau weiter auf B12)

SPÄTE ENTHÜLLUNG Anfang des Jahres 1995 entdeckte der Historiker Wolfgang Petz einen Eintrag in den Kirchenbüchern der katholischen Pfarrei St. Lorenz in Kempten, der nach damals gängiger und weitverbreiteter Ansicht nicht hätte existieren dürfen. Festgehalten war dort der Tod einer Anna Maria Schwegelin, verstorben am 7. Februar 1781, versehen vorher mit den heiligen Sterbesakramenten. Dass es sich dabei um dieselbe Person handelte, die bislang als die letzte im Heiligen Römischen Reich deutscher Nation hingerichtete Hexe galt, daran ließ der Sterbeort der Frau keinen Zweifel: es war das »Stockhaus«, das Gefängnis der Fürstabtei Kempten. Aber widerspricht dies nicht dem ebenfalls schriftlich vorliegenden Urteil, nachdem »die Maleficantin wegen dieser mit dem bösen Feind eingegangener wiederholter Bündtnuß, als einem deren ärgsten Lastern, dem Scharfrichter zu Handen und Banden übergeben, auf die gewöhnliche Richtstatt geführt, daselbst durch das Schwerd vom Leben zu Tode hingerichtet, der Körper hingegen verbrannt werden solle, dieses ihr zur wohlverdienten Straf«? Das Dokument aus dem Jahr 1775 ist unterzeichnet vom zuständigen Landrichter, genehmigt von mehreren juristischen Gutachtern und bestätigt vom Fürstabt Honorius Roth von Schreckenstein. Und doch belegen inzwischen zahlreiche Hinweise, dass es – offensichtlich in letzter Minute – niemals vollstreckt wurde. Allerdings auch nie aufgehoben. Für die Beschuldigte Anna Maria Schwegelin bedeutete der Kompromiss, der wohl auf Veranlassung aufgeklärter Kreise im Umfeld des Fürstabtes zurückging und für beide Seiten, Verfolgungsgegner und -befürworter, gesichtswahrend sein sollte, ein jahrelanges Dahinsiechen in Untersuchungshaft. Offiziell lief das Ermittlungsverfahren gegen sie weiter und es wurden anfangs noch einige Untersuchungen unternommen, dann aber dürfte über die kontroverse Angelegenheit, die das gesamte Fürststift in den Ruf der reaktionären Rückständigkeit hätte bringen können, ein gnädiger Schleier des Vergessens gebreitet worden sein. Auf Kosten Anna Maria Schwegelins, die ausgerechnet in dem Jahr starb, als mit ihrer Leidensgenossin Anna Göldlin im Schweizer Kanton Glarus tatsächlich die letzte Hexe im deutschsprachigen Raum hingerichtet worden war.

HEXENPROZESSE IN KEMPTEN 1782, ein Jahr nach seinem prominentesten Opfer, war der Mann verstorben, der für die Verurteilung der Hexen im Fürststift Kempten hauptverantwortlich gewesen war, zu einer Zeit, da sich die meisten anderen Territorien oft seit Jahrzehnten schon vollends von dieser Praxis losgesagt hatten oder sie zumindest stillschweigend unterbanden. Dabei war das Gebiet, das der Abtei Kempten unterstand, keineswegs eine Hochburg des Wahns gewesen, der zum Beispiel im benachbarten Fürstbistum Augsburg (siehe 24) deutlich mehr Opfer gefordert hatte. Und auch Johann Franz Wilhelm Treuchtlinger, der als Landrichter über Jahrzehnte hinweg die höchste juristische Instanz unter den Fürstäbten darstellte, hatte sich nur selten mit Anzeigen wegen vermeintlicher Zauberei zu befassen. Doch wenn solch ein schwerwiegender Anklagepunkt bei ihm eintraf, widmete er sich dem Vorwurf mit einer Einstellung, die rechtlich zwar einwandfrei, von fortschrittlicheren Zeitgenossen allerdings als längst überholt angesehen wurde. Noch jung an Jahren, Treuchtlinger war um 1710 geboren und erst seit Kurzem (1736) auf die wichtigste Stelle der stiftischen Justiz gekommen, wurde er 1739 mit einem heiklen Fall bedacht. In Unterthingau, Sitz eines kemptischen Pflegers, also eines Amtmanns, war eine junge Frau, offenbar schwer erkrankt, inmitten des Ortes zusammengebrochen, woraufhin sie in eines der Häuser gebracht und der Pfarrer gerufen wurde.

Recht schnell stellte sich heraus, dass es sich um eine Simulantin handelte, die sich mit ihrer spektakulären Aktion lediglich eine Unterkunft für die Nacht und milde Gaben sichern wollte, was sie durchaus erreichte. Elisabetha Heiligmännin verdiente mit dieser Masche schon seit Längerem ihren dürftigen Unterhalt, sie zog mit der Nummer durch die gesamte Region, leidlich erfolgreich und immer mit dem Risiko, entlarvt und verjagt zu werden. In Unterthingau schien jedoch aus ihrer Sicht alles gutzugehen, der Pfarrer gab ihr noch etwas Geld auf den Weg und sie konnte zur nächsten Etappe aufbrechen.

DIE HEX' MUSS BRENNEN Doch einer der Stiftsbeamten in Unterthingau war weniger gnädig und meldete den Vorfall dem Pfleger im Schloss, der die Heiligmännin festnehmen und nach Kempten überstellen ließ. Dort geriet sie nun in die Fänge Treuchtlingers, der die Beschuldigte nicht etwa wegen des Betrugs ausgiebig befragte, sondern die wochenlangen Verhöre bald ausschließlich auf die Themen Teufelspakt, Hexentänze und Hostienfrevel lenkte, worüber die Frau erstaunlich freimütig Auskunft gab. Es musste nicht einmal auf Folter, sondern ›nur‹ auf gelegentliche Schläge zurückgegriffen werden. Treuchtlinger fragte ein vorgefertigtes Schema ab, das aus den Hexenprozessen des vorigen Jahrhunderts nur allzu bekannt war, aber an sich als längst veraltet, unzeitgemäß und manchen sogar als Ausdruck von Aberglauben und religiöser Unvernunft galt. Doch der Jurist konnte sich zugleich auf zahlreiche juristische Autoritäten berufen, so zum Beispiel auf die noch immer gültige *Constitutio Criminalis Carolina*, das Gesetzbuch aus dem Jahr 1532. Diese sollte er, gegen noch stärkere Angriffe fortschrittlich gesinnter Kreise, 1775 im Prozess gegen Anna Maria Schwegelin noch immer anwenden. Anders als »der letzten Hexe« wurden der reichlich unbedarften Elisabetha Heiligmännin, die nur mit einer Abschiebung rechnete, die Ansichten Treuchtlingers tatsächlich zum Verhängnis. Nachdem auch hier Juristenkollegen und der Fürstabt das Urteil bestätigt hatten, wurde sie im Oktober 1739 enthauptet, der Leichnam anschließend öffentlich verbrannt. 1755 wurde Katharina Planck unter der Verantwortung Treuchtlingers hingerichtet, auch sie stand im Verdacht der Hexerei. Anna Maria Herb, über die wohl ähnliche Gerüchte im Umlauf waren, mit denen sich das Landgericht zu befassen hatte, kam dagegen davon – kurz vor dem Prozess gegen Anna Maria Schwegelin, den Richter Treuchtlinger in gewohnter Manier zu führen gedachte. An sein berühmtestes Opfer erinnert heute der Schwegelin-Brunnen nahe der Residenz – wobei »erinnert« ein großes Wort ist, nur Eingeweihten dürfte bekannt sein, für welches Unrecht die unscheinbare historische Barockschale zwischen Residenzplatz und Fußgängerzone steht.

Das besondere Erlebnis

Elisabetha Heiligmännin war noch im »Hexenloch« genannten Kellerverließ des Stiftsgefängnisses untergebracht, Anna Maria Schwegelin dagegen wohl im »Arme-Sünder-Stüble« des zwischenzeitlich umgebauten »Stockhauses«, wo auch ihre Vernehmungen stattgefunden haben dürften. Unter der bayerischen Regierung wurde das Gefängnis nach und nach erweitert, der letzte Versuch, die Justizvollzugsanstalt im Herzen der Stadt an der Weiherstraße zu vergrößern, führte aber 1990 zu langjährigen Protesten, die erst kurz vor dem Anrücken der Baumaschinen Erfolg hatten. Ein kompletter Neubau entstand im Osten am Autobahnkreuz, das Stockhaus mit seinen Anbauten dagegen wurde leider vollständig abgerissen.

Der Anna-Schwegelin-Brunnen in Kempten führt ein eher tristes Dasein.

13

HINTER GITTERN

Das alte Gefängnis in Laupheim

Es wirkt älter, als es ist, aber immer noch abschreckend. Das Laupheimer Gefängnis diente gut hundert Jahre lang den nebenan verurteilten Verbrechern als spartanische Unterkunft auf Zeit.

Laupheim, Landkreis Biberach (BC), BW **Ort** Weldenstr. 14, 88471 Laupheim
GPS 48.224609, 9.876825 **Anfahrt** Zug: Bahnhof Laupheim-Stadt (RB Ulm-Biberach (Süd)). Auto: A7, Ausfahrt Illertissen

Das auffällige Gebäude kann seine Vergangenheit nicht verleugnen.

DER WIEDERAUFSTIEG Mit dem endgültigen Übergang Laupheims an das Königreich Württemberg 1806 begann ein schleichender, aber gravierender Niedergang des Ortes. Zwar war man auch vorher nicht unbedingt eine der bedeutendsten Ortschaften Oberschwabens, hatte jedoch unter der Oberherrschaft Österreichs, die Groß- und Kleinlaupheim an die Familie von Welden als Lehen vergab, immerhin eine gewisse Selbstständigkeit und zentrale Funktion für die Umgebung, wovon noch die beiden Schlösser zeugen. Der neue Landesherr König Friedrich I. entmachtete nicht nur die von Welden, er bestimmte Wiblingen zum Sitz seines Unter-, später sogar Oberamtes, wodurch Laupheim nach und nach seine Behörden verlor, selbst der Sitz des katholischen Dekanats wurde schließlich in das Dorf bei Ulm verlegt. Eine seltsame Wahl sollte man denken, war Wiblingen doch nicht nur um einiges kleiner als Laupheim und lag noch dazu nicht in der Mitte des Amtsbezirks, sondern in dessen nördlichstem Zipfel. Doch in dem dortigen ehemaligen Kloster saß der Bruder des Königs, der sich die stattliche Barockanlage als Residenz ausgesucht hatte. Laupheim drohte ein Dasein als Provinzdörfchen. Im Jahr 1840 erfolgte schließlich doch noch ein Einsehen aus Stuttgart. Nun wurden im Laufe der Jahre die wichtigsten Behörden des Oberamtes nach Laupheim verlegt und 1845 erfolgte die offizielle Bestätigung als neuer Sitz des Bezirkes. Es zeigte sich schnell, welche positiven Veränderungen diese Aufwertung mit sich brachte. Höhepunkte waren die Anbindung an die Südbahn, vor allem aber die Erhebung zur Stadt im Jahr 1869. Neben der zentralen Lage hatte der Ort als Verwaltungssitz noch einen weiteren Vorteil: Die Ämter konnten sogleich in vorhandene Bauten einziehen, so etwa in das Schloss Kleinlaupheim. Ein wichtiges Gebäude aber fehlte.

STRAFE MUSS SEIN Dem heutigen Betrachter kommt das ehemalige Gefängnis neben dem dezenten, aber doch repräsentativen Barockschloss wesentlich archaischer, sprich älter vor. Tatsächlich ist es umgekehrt. »Neu erbaut im Jahre 1844 erhebt sich im Garten [des Schlosses] oben links das ›gerichtliche-Gefängniß‹, ein dreistöckiges Gebäude mit Blockwandungen und einer Ringmauer, im untern Stock die Wohnung des Gerichtsdieners enthaltend«, so schrieb der Ortsvorsteher 1845. Der klobige

Schreckt heute
eher Ein- als Ausbrecher ab.

Grob gestrickte schwedische Gardinen

Stil des kleinen Landgefängnisses, das tatsächlich aufgrund der umgebenden Mauer an eine der alten Turmburgen erinnert, durch die martialischen Fenstergitter aber seine eigentliche Funktion unweigerlich klar macht, setzt sich auch im Inneren fort. Dies gilt naturgemäß besonders für die Zellen. Derer gab es vier, der Komfort war – bewusst – überschaubar: Wände von einem Meter Dicke, ein Plumpsklo, ein hochklappbares Bett, Beheizung nur von außen. So blieb das bis in die 1960er-Jahre, dann hatte das Laupheimer Gerichtsgefängnis ausgedient. Es war nun ein bemerkenswertes Denkmal, denn solche Mini-Strafanstalten aus jenen Tagen hatten sich andernorts kaum erhalten. Blieb aber ein Problem: Zwar renoviert, stand das alte Gefängnis nun trotzdem leer und zum Verkauf. Wer möchte schon hinter schwedischen Gardinen residieren? Doch …

Das besondere Erlebnis

… schließlich fand das Gefängnis einen neuen Besitzer. Und der hatte eine geradezu kongeniale Idee für das charakteristische Gebäude. Vor kurzem eröffnete dort das Tresormuseum, eine Sammlung von Safes aus vielerlei Jahrhunderten mit ihren ganz speziellen Schutzmechanismen vor allem gegen die »Kundschaft« der einstigen Strafanstalt. Die war schließlich auch so etwas wie ein menschlicher Tresor, selbst wenn der Inhalt von den Behörden nicht als besonders wertvoll eingeschätzt worden sein dürfte. Weitere Informationen unter www.tresormuseum-laupheim.de

Ein Hauch Toskana am Ufer des Bodensees

14

UNSCHÖNE AUSSICHTEN

Das Hoyerbergschlössle in Lindau

Sommersitz, Ausflugscafé, Edelrestaurant – die Geschichte des Hoyerbergschlössles passte bestens zu seiner wunderbaren Lage in den Weinbergen über dem Bodensee. Bis es dem Verfall preisgegeben wurde.

Lindau, Landkreis Lindau (LI), BY **Ort** Hoyerbergstr. 64, 88131 Lindau **GPS** 47.565383, 9.674499 **Anfahrt** Zug: Bahnhof Lindau-Aeschach (RB Friedrichshafen-Lindau (Insel)). Auto: A96, Ausfahrt Lindau

IN DEN WEINBERGEN Als sich das Königreich Bayern dank der napoleonischen Neuordnung mit der Stadt Lindau und einigen Dörfern des Umlandes Anfang des 19. Jahrhunderts seinen Anteil am Bodensee sicherte, war die Zukunft dieser Gegend eher ungewiss. Wusste man in München mit dem aus Sicht der Hauptstadt weit entfernten, entlegenen Zipfel des neuen Königreichs etwas anzufangen oder war er nur, wie man heute sagen würde *nice-to-have*, ein nettes Anhängsel? Es war nicht die längst geschwundene wirtschaftliche Kraft der einstigen mittelalterlichen Handelsmetropole Lindau, die für eine Renaissance sorgte, sondern ein Phänomen, von dem die Stadt und ihre Umgebung noch immer gut leben: der Tourismus. Mitglieder des Königshauses und in ihr Gefolge inklusive allerlei Höflinge, Gutbetuchte, Adelige und andere Mitglieder der bajuwarischen High Society jener Tage entdeckten Lindau als Sommerfrische. Ufergrundstücke waren gefragt, um dort prächtige Villen zu errichten, schließlich hatte jeder einen – neuen – Nachbarn, der sich ebenfalls nicht lumpen ließ. Insbesondere Bad Schachen mauserte sich zum mondänen Seebadeort, dort entstanden zudem gehobene Urlaubsunterkünfte für die Kundschaft mit gefülltem Portemonnaie. Unter die Neu- bzw. Teilzeiteinwohner mischten sich jedoch zuweilen auch alteingesessene wohlhabende Lindauer Familien, darunter das Kaufmannsgeschlecht der Gruber, das ebenfalls ein Filetstück am Ufer erwerben konnte. Aber nicht nur das, Adolf Gruber kaufte in Hoyren, damals noch eine selbstständige Gemeinde, am dortigen Hügel – einer Hinterlassenschaft der Eiszeit – eine große Fläche an Weinbergen. Seine Frau, Dora, erkannte die bestechende Lage für einen kleinen Sommersitz auf der Höhe des Drumlins und beauftragte 1854 den Schweizer Architekten Johann Christoph Kunkler mit der Errichtung eines Gebäudes im toskanischen Stil, mit kleinem Festsaal und einem 15 Meter hohen Aussichtsturm. Den fertiggestellten Bau mit seiner fulminanten Aussicht schenkte sie ihrem Gatten Adolf.

TOD IM SEE Das Hoyerbergschlössle diente fortan den privaten Vergnügungen der Familie Gruber und der Aufsicht über die umgebenden Weinberge, beides befand sich allerdings im Niedergang. Der Weinanbau wurde 1909 eingestellt, die in finanzielle Bedrängnis geratene Familie Gruber musste das Hoyerbergschlössle im Ersten Weltkrieg verkaufen. Die Gemeinde Hoyren hätte gern zugegriffen, doch 1917 stand es um ihre Kassen nicht viel besser. Crowdfunding, bevor es diesen Begriff überhaupt gab, sprich eine allgemeine Spendenaktion, war die Rettung, Dreiviertel des Betrages brachten die Bürger Hoyrens und der Umgebung auf, der Ansitz ging an die Gemeinde über. Dort sollte nach Kriegsende eine große Heldengedenkstätte

Die Moderne sorgt nicht unbedingt für stilvolle Verzierung.

Der scheußliche Bismarckadler
vor der wunderschönen Bodenseelandschaft

entstehen, ein Plan, der auch aufrechterhalten wurde, als sich Hoyren 1922 der Stadt Lindau anschloss. Umgesetzt wurde er jedoch nie, worüber man angesichts des scheußlich-martialischen Bismarckdenkmals von 1931 unterhalb des Hoyerberges sicher nicht traurig sein muss. Stattdessen pachtete 1926 der in Lindau nicht unbekannte Eduard Hagge das Schlösschen, um dort ein Ausflugscafé zu eröffnen. Genau genommen war es seine Frau, die den Laden – mit großem Erfolg – managte, denn Hagge, obwohl selbst einst verantwortlich für mehrere große Gasthäuser am Bodensee, widmete sich lieber der Luftfahrt, früher im Ballon, nun mit Flugzeugen. Er war einer der treibenden Kräfte hinter der 1925 gegründeten »Bodensee-Aero-Lloyd-Fluggesellschaft«, die unter anderem regelmäßige Linienflüge von Lindau nach Konstanz anbot. Nicht selten persönlich am Steuer: Eduard Hagge. Dies wurde ihm schließlich zum Verhängnis: 1929 stürzte sein Flugzeug mit Passagieren kurz hinter Lindau in den See, Hagge ertrank. Seine Frau führte das Café dennoch weiter, erst zum Ende des Zweiten Weltkriegs gab sie es auf.

Vergittert und verwittert

HOHER BESUCH Selbst der Krieg war der Beliebtheit des Hoyerbergschlössles als Ausflugsziel nur kurzzeitig abträglich gewesen. Störender war da schon die Veränderung des Umfeldes in der Nachkriegszeit, ein nicht gerade formschöner Trinkwasserspeicher und ein Sendemast des Bayerischen Rundfunks trübten etwas das Bild, andererseits konnte eine ganz neue Kundschaft auf den Hoyerberg gelockt werden. Mit der Zeit mauserte sich das Lokal vom Café zum edlen Restaurant für das finanziell besser ausgestattete Publikum von nah und fern. Durch einen Anbau verdoppelte sich nahezu die Fläche für die Bewirtschaftung, die Küche hatte einen guten Ruf, Auszeichnungen und Empfehlungen in Gourmetführern folgten. Sogar Bundeskanzler Helmut Kohl gastierte mit dem französischen Präsidenten François Mitterand bei dessen Staatsbesuch 1993 zum Essen im Schlössle. Doch hinter der glanzvollen Fassade begann es zu bröckeln – und offensichtlich ist dies wörtlich zu nehmen. Die Stadt Lindau griff bei der Pacht ordentlich zu, war aber umgekehrt wenig geneigt, Geld in den Erhalt des Hauses zu reinvestieren. 2012 gab der letzte Pächter entnervt auf. Plotzlich stand das Hoyerbergschlössle leer. Der gute Ruf und die hervorragende Lage nutzten nichts, niemand fand sich für die Übernahme des maroden Restaurants. Die Stadtoberen überlegten, den gesamten Besitz zu verkaufen – dagegen regte sich jedoch sofort massiver Widerstand in der Bevölkerung, Unterschriften wurden gesammelt, eine Bürgerinitiative gründete sich. Es entwi-

Das Potenzial des Gebäudes und seiner Lage ist leicht erkennbar.

ckelte sich ein zähes Hin und Her, der Stadtrat hielt lange an den Verkaufsplänen fest, entschloss sich dann aber doch, das Hoyerbergschlössle zu behalten. Jedoch waren hierüber Jahre ins Land gegangen, der Zustand des Gebäudes war dadurch nicht besser geworden, die Gemeindekasse allerdings auch nicht voller. Deshalb ist seit dem endgültigen Aus für den Verkauf 2019 nur wenig passiert, erste Ansätze des Fördervereins zur Wiederbelebung des Hoyerbergschlössles als öffentlicher Ort mit Café, Kreativwerkstätten und vielem mehr, stoppte neben den finanziellen Anforderungen zudem die ausgebrochene Corona-Pandemie. Trotzdem: Das Hoyerbergschlössle gehört zu den Lost Places, die diese zweifelhafte Ehre womöglich in baldiger Zukunft auf positive Art verlieren und aus anderen Gründen wieder zum beliebten Ausflugsziel werden. Einen eigenen Beitrag hierzu leisten kann man unter www.verein-hoyerbergschloessle.de

Das besondere Erlebnis

Der Bruder Adolf Grubers, Friedrich, hatte sich direkt am Ufer des Sees sein eigenes Schlösschen errichten lassen, das allerdings mitsamt der Parkanlage deutlich größer ausfiel: den Lindenhof. Heute beherbergt es ein sehenswertes Friedensmuseum, der Park ist öffentlich und lockt mit einem Strandbad. Recht verwunschen steht darin auch die Ruine Degelstein, die Teil der Parkarchitektur wurde. Dabei handelt es sich um ein echtes mittelalterliches Gebäude, das von den neuen Besitzern künstlich zur Ruine umgestaltet wurde (siehe *Lost & Dark Places Bodensee*).

15

ENDE EINER PIONIERTAT

Die Bahnstrecke Meckenbeuren-Tettnang

Kurz, aber fein: Der Bau der Bahnlinie von Meckenbeuren nach Tettnang sorgte einst europaweit für Aufsehen, nicht nur, weil mit Oskar von Miller eine Berühmtheit beteiligt war. Vor dem Aus rettete sie das aber nicht.

Meckenbeuren, Bodenseekreis (FN), BW **Ort** Riedweg. 34, 88074 Meckenbeuren Bahnhofplatz 1, 88069 Tettnang **GPS** 47.697726, 9.559326 (Riedweg) 47.674623, 9.590291 (Bahnhof Tettnang) **Anfahrt** Zug: Bahnhof Meckenbeuren (RE Lindau-Stuttgart, RB Friedrichshafen-Aulendorf). Auto: A96, Ausfahrt Sigmarszell, weiter auf B31 und B467

Beim alten Bahnhofsgelände in Tettnang

WO GEHT'S LANG? So manchem mag diese Streckenführung aufgrund der reinen Statistik recht absurd erscheinen: Nur gut 4,2 Kilometer lang, dafür mit einer teilweisen Steigung von 20 Promille, da auf dieser kurzen Linie ganze 50 Höhenmeter zu überwinden waren, vorbei an lediglich zwei überschaubaren Weilern mit kleinen Haltepunkten, um schließlich als Sackgasse am Bahnhof Tettnang zu enden. Nun, wer bei einem Bierchen sitzt und auf das Etikett sieht, der wird womöglich einen Grund für die Attraktivität der Strecke finden: Noch heute gehört die Region um Tettnang zu den drei großen Hopfenanbaugebieten Deutschlands. Nicht vergessen darf man auch, dass die Stadt bis 1973 Sitz des gleichnamigen Landkreises war – und nicht etwa das benachbarte Friedrichshafen. Schon früh drängten die Stadtväter somit auf eine Anbindung an das Eisenbahnnetz, nachdem das Königreich Württemberg dessen Bedeutung erkannt und mit der Südbahn von Stuttgart an den Bodensee recht schnell Fakten geschaffen hatte. Knapp daneben war allerdings auch vorbei – aus Tettnanger Perspektive. Die geografische Lage auf einem Hochplateau über dem Schussental erwies sich nun als nachteilig. Bahnstation wurde 1847 Meckenbeuren, das hierdurch nicht nur im berühmten Lied von der »Schwäb'sche Eisebahne« verewigt wurde, sondern einen rapiden Aufschwung nahm. Nicht ganz zu Unrecht fürchtete man in Tettnang, dass die Stadt hierdurch ins Hintertreffen geraten und somit buchstäblich den Anschluss verlieren könnte. Die Anbindung an das Eisenbahnnetz hatte dementsprechend in der Folgezeit hohe Priorität für die Gemeinde, doch die Verwirklichung zog sich fast fünfzig Jahre hin. Dass das Engagement der Regierung nach dem Bau der Hauptbahnen erlahmte, war für Tettnang Hindernis und Chance zugleich. Einerseits hielt sich der Staat trotz Wohlwollens aus dem Bau von Nebenstrecken heraus, was die Finanzierung erschwerte, andererseits blieben dadurch viele Optionen offen und Tettnang konnte hoffen und eifrig dafür werben, Teil entweder der Bodenseegürtelbahn oder einer Linie Meckenbeuren-Tettnang-Wangen zu werden.

TETTNANG IST ELEKTRISIERT Beides zerschlug sich trotz mehrfach gebildeter Kommissionen, Gutachten und Schriftverkehr mit den zuständigen Ministerien. Doch der umtriebige Tettnanger Bürgermeister Munding hatte bereits eine weitere Idee im Hinterkopf. Mithilfe der LAG, der Münchner Lokalbahn-Aktien-Gesellschaft, die bereits in Ravensburg das Bähnchen nach Weingarten betrieb, glaubte er, den begehrten Anschluss doch noch verwirklichen zu können. Und dabei schwebte dem Bürgermeister und dem Betreiber geradezu Futuristisches vor: Die LAG sollte nicht nur die Bahn nach Tettnang errichten, sie sollte den Ort – gewissermaßen als positiven Nebeneffekt – zugleich mit Strom versorgen. Ein Kraftwerk an der Schussen bei Brochenzell würde die nötige Elektrizität liefern. Und es kam noch besser. Niemand Geringeres als Oskar von Miller, späterer Begründer des Deutschen Museums in München, würde an dieser Pioniertat beteiligt sein. Bis heute gilt die Tettnanger Bahn, die schließlich 1895 eröffnet wurde, als erste elektrifizierte Strecke in ganz Europa. Gleichwohl mussten vorher noch einige Hürden überwunden werden: Recht lang wurde um die genaue Streckenführung gestritten, es gab drei verschiedene Varianten, von denen letztlich die mittlere gewählt wurde. Anschließend mussten Verträge und Verhandlungen mit dem Staat geführt werden, der die Sicherheit der Linie, insbesondere bei Straßenquerungen, genauestens geregelt sehen wollte. Und auch einige Grundstücksenteignungen waren notwendig, nicht jeder war grundsätzlich gewillt, zu verkaufen oder sich seine

Äcker durchschneiden zu lassen. Und doch: Der Bau selbst ging in Rekordzeit vonstatten, die Linie begann auf der Rückseite des Bahnhofsgebäudes Meckenbeuren, führte über die beiden mit Holzhäuschen versehenen Halte Habacht und Bechlingen hoch an den Bahnhof des nun mit Strom versorgten Tettnang.

RÜCKWÄRTS Das »Bähnle« war nicht nur als elektrifizierte Strecke wegweisend, sondern zugleich ein großer Erfolg. Dies galt sowohl für den Güterverkehr und damit den erleichterten Hopfenexport als auch für die Nutzung durch die Einwohner. Attraktive Preise und der Anschluss an die Südbahn in Meckenbeuren mit der Möglichkeit, schnell nach Friedrichshafen, Ravensburg oder Stuttgart zu reisen, führten zu hohen Fahrgastzahlen. Selbst die Idee der Weiterführung der Trasse bis nach Wangen lebte immer mal wieder auf. Doch vor, mit und vor allem nach dem Ersten Weltkrieg geriet die LAG zunehmend ins Trudeln. 1926 schließlich trennte man sich von der Stromversorgung, betrieb fortan nur noch die Bahnlinie, aber auch dies mit zunehmenden Mühen. Während die Reichsbahn 1920 alle staatlichen Strecken übernahm, unterblieb diese Maßnahme für die privaten Nebenlinien aufgrund schlecht gefüllter Kassen. Es waren die Gleichschaltungsbestrebungen der Nazis, die schließlich zur Auflösung der gesamten LAG führten, 1938 ging die Strecke in den Besitz der Reichsbahn über. Nach dem Krieg, den das Bähnle relativ unbeschadet überstanden hatte, hangelte sich die Linie von Schließungswelle zu Schließungswelle. Das Hopfengeschäft und die Bedeutung als Verwaltungssitz waren naturgemäß noch immer ein gewichtiges Argument und der Bau des geradezu avantgardistischen neuen Bahnhofsgebäudes 1960 schienen auf Dauer hinzudeuten. Das sah man bei der Bundesbahn kurz darauf ganz anders: Die Aufgabe des Personenverkehrs wurde für 1962 verkündet. So kam es jedoch vorerst nicht. Allerdings folgte die Umstellung des elektrifizierten Betriebes auf dieselbetriebene Schienenbusse – ausgerechnet auf der einstigen Pionierstrecke! Es war ohnehin nur ein Hinauszögern. Der Verlust des Kreissitzes 1973 ließ auch ein baldiges Ende der Strecke erahnen. 1976 traf es die Personen-, 1995 – ausgerechnet zum hundertjährigen Jubiläum – die Güterbeförderung. An manchen Stellen sieht die Bahnlinie noch fast intakt aus, an anderen ist sie bereits komplett verschwunden oder überteert. Im Deutschen Technikmuseum in Berlin steht einer der originalen Triebwagen aus der elektrischen Frühzeit der Tettnanger Strecke. In der Hopfenstadt selbst feiert man dagegen auch ohne Gleisanschluss noch immer jährlich zur Erinnerung das hiesige Bähnlesfest.

Der ehemalige Bahndamm in Meckenbeuren

Das besondere Erlebnis

Auch wenn dort längst keine Züge mehr halten und der Name eher an den nahe gelegenen Flughafen Friedrichshafen erinnert, besuchen kann man den einst hochmodernen Tettnanger Bahnhof noch immer. Als Kult- und Kulturkneipe existiert dort seit den 1980er-Jahren unter dem DB-Zeichen das Lokal Flieger mit überregionalem Ruf, das für seine Gemütlichkeit, aber vor allem für sein Angebot an musikalischen Live-Gästen gerühmt wird. Mehr unter www.flieger-tettnang.de

Nicht nur die Gleise, sondern sogar ein Signal sind noch vorhanden.

Alles ist vergänglich – aber der Alte Friedhof konnte (teilweise) gerettet werden.

16

STILVOLL STERBEN

Der Alte Friedhof Memmingen

Er ist gut fünfhundert Jahre alt und spiegelt einiges der Memminger Geschichte wider. Doch als sich der Alte Friedhof Mitte des 20. Jahrhunderts in schlechtem Zustand befand, wurde er nur mit Mühe gerettet.

Memmingen, Stadtkreis Memmingen (MM), BY **Ort** Friedhofweg 9, 87700 Memmingen **GPS** 47.988579, 10.189341 **Anfahrt** Zug: Bahnhof Memmingen (RE Lindau-Memmingen-München, RE Memmingen-Ulm). Auto: A7, Ausfahrt Memmingen-Süd bzw. über A96 kommend, Ausfahrt Memmingen-Ost

FALSCHE SCHOTTEN Begraben wurde hier schon immer, der Papst höchstpersönlich hatte dies erlaubt, aber das Privileg, hier beerdigt zu werden, war überschaubar, es galt nur für Gäste des Schottenklosters St. Nikolaus – und wohl auch für dessen eigentliche Bewohner. Vor der Stadtmauer, wo es vermutlich schon vorher eine Kapelle gegeben hatte, siedelten sich hier um 1180 ›schottische‹ Mönche an, die allerdings keine Schotten waren, sondern Iren. Sie griffen eine alte Tradition auf, waren es doch einst im 8. Jahrhundert (tatsächliche) iroschottische Mönche, von denen der heilige Bonifatius der bekannteste ist, um hier im Auftrag des Frankenreiches und Roms die teils noch heidnischen oder nur oberflächlich christianisierten Stämme zu missionieren. Allerdings waren die ersten Iren erfolgreicher als ihre späteren Nachfolger, auch wenn in nicht wenigen Städten weitere sogenannte Schottenklöster gegründet wurden. Sie hatten zumeist ein doppeltes Problem – und dies galt insbesondere für Memmingen: Sie waren zumeist ungenügend ausgestattet und litten bald unter Nachwuchsmangel, schließlich gehörte es zu ihrem exklusiven Markenzeichen, nur Iren aufzunehmen. In der an sich keineswegs armen Reichsstadt Memmingen fiel die schlechte Versorgung des Klosters besonders auf, ungewöhnlich ist allein schon, dass es so wenige Urkunden gibt und auch nur spärliche Informationen über das Leben des Konvents und seiner Bewohner. Von nur vier Vorstehern sind überhaupt die Namen bekannt. Mit anderen Worten: Das Kloster darbte dahin, hatte nur sehr wenige Mitglieder und konnte den Unterhalt der Gebäude kaum bestreiten. Mitte des 14. Jahrhunderts schien es schließlich keine irischen Mönche in Memmingen mehr gegeben zu haben, ein Teil des Klosters wurde abgerissen, die Kirche von außen versorgt. Wiederbelebungsversuche durch andere Schottenklöster und durch die Benediktiner aus Ottobeuren waren nur Kompromisse, die Stadt drängte mit allen Mitteln auf Übergabe des Restklosters an die örtlichen Augustiner – letztlich mit Erfolg. 1498 übernahmen selbige das geschrumpfte Schottenkloster, doch bald verschwanden sie selbst. Die Reformation hatte in Memmingen Einzug gehalten.

DRAUSSEN VOR DEM TOR Die Kirche bestand da bereits nicht mehr und 1529 wurde auch das Ende der übrigen Gebäude und damit jeglicher Erinnerung an die ›Schotten‹ besiegelt. 1521 war einmal mehr die Pest in der Stadt ausgebrochen, der Friedhof um St. Martin füllte sich schnell, zudem hatte sich inzwischen der Gedanke verbreitet, dass es nicht gerade hygienisch sei, die Toten, erst recht die von ansteckenden Krankheiten dahingerafften, mitten im Zentrum der Stadt zu begraben. So argumentierte schließlich auch der Rat der Stadt, nachdem wenige Jahre später eine weitere Seuche durch Memmingen zog. Hatte man doch nun mit dem jetzt freien

Jedes Grabmal hat seinen individuellen Reiz.

Gelände des ehemaligen Klosters einen hervorragenden Platz vor dem Kalchtor, somit direkt vor den Mauern, aber immer noch außerhalb. Und praktischerweise war dies teils auch bereits geweihter Boden und obwohl inzwischen evangelisch, legten gerade die wohlhabenderen Bürger Wert darauf, an der Stelle des früheren Klosters begraben zu werden. Die Friedhöfe in der Stadt wurden aufgelöst und ab 1529 erfolgten die Beerdigungen hier außerhalb der Stadtmauern. Während aus der Frühzeit des neuen Gottesackers vor allem Leichenpredigten erhalten geblieben sind, überdauerten die im 17. Jahrhundert errichteten Grabsteine bis in die Gegenwart. An ihnen lässt sich die allgemeine Entwicklung der sogenannten Sepulkralkultur gut nachvollziehen: von den ausschweifenden Inschriften des Barock über die nüchternen Monumenten der Aufklärung, als die christliche Symbolik zunehmend ersetzt wurde – etwa durch abgebrochene Säulen, leere Urnen oder kleine Putti mit erloschenen Fackeln – hin zu den oft prächtigen und selbstbewussten Mini-Kapellchen im historistischen Stil des Biedermeier und der Gründerzeit. Natürlich wollten insbesondere die Gutbegüterten der stolzen Handelsstadt auch im Nachleben noch repräsentieren. Dafür hatten sie ihr eigenes Viertel im Friedhof, während es in den anderen Feldern Extrabereiche für die ärmeren Unterschichten gab mit einem abgesonderten Platz für Verstorbene aus den öffentlichen Anstalten wie den Spitälern und einer verrufenen Ecke für die Hingerichteten. Es existierte ein Viertel für Einzelgräber und eines für Bürger ohne Bürgerrechte, worunter hauptsächlich die in der protestantischen Stadt lebenden bzw. verstorbenen Katholiken fielen.

Manchmal sind nur Bruchstücke geblieben.

ERST GRÖSSER, DANN KLEINER Spätestens ab 1860 wurden die Probleme mit dem Friedhof unaufschiebbar. Er war einfach zu klein geworden, außerdem gab es nicht einmal ein Leichenhaus. Eine erste minimale Erweiterung 1846 hatte nur wenig gebracht, auch nicht die Verlegung des Gemüsegartens des Totengräbers. Da lange unklar blieb, ob der Memminger Bahnhof erweitert und die Streckenführung eventuell geändert werden könnte, verzögerte sich die Vergrößerung des Friedhofes noch bis 1873. Jetzt wurde das ersehnte Leichenhaus errichtet und der Gottesacker im Inneren umgestaltet sowie die alte Sektorenaufteilung aufgegeben. Es blieben ihm noch gut fünfzig Jahre. Nachdem er längst wieder überfüllt war, kam mit dem Waldfriedhof 1920 Ersatz und Ende für den nun Alten Friedhof. Nur noch einzelne Beerdigungen in den Familiengrabstätten durften eine Zeit lang stattfinden, ansonsten wurde es auf dem Gottesacker und vor allem um die größeren Monumente herum einsam. Immer mehr Steine wurden abgeräumt, die Gräber eingeebnet. Anfang der 1960er-Jahre machte der Ex-Friedhof keinen guten Ein-

↑ Die Grabmale repräsentieren verschiedene Epochen …
↗ … und Stile der bürgerlichen Sepulkralkultur.

druck mehr. Das Interesse an dem Gelände mehrte sich und im Stadtrat wurde ernsthaft über die Planierung von mindestens einem Teil des Geländes diskutiert. Daran änderte auch der Denkmalschutz für einige der Grabstätten nichts. Erst nach langem Hin und Her erfolgte ab 1971 die langsame Sanierung des Leichenhauses und der Grabmale. Das Gelände wurde zum Park umgewandelt und inzwischen steht es als Gesamtensemble unter Denkmalschutz. Zu Recht. Die durchgehende Nutzung über vierhundert Jahre als Friedhof ist nicht nur ein Spiegel der Memminger Geschichte und seiner Bürger, wie sie zudem in Deutschland nur äußerst selten erhalten geblieben ist. Die mal prächtigen, mal stark mitgenommenen, mal einfach-nüchternen, mal expressiv-tragischen Grabsteine, in Grüppchen oder leicht vereinsamt auf der Wiese oder an der Mauer stehend, geben dem Alten Friedhof ein besonderes Gepräge – als Park der Toten und ihrer lebenden Besucher, besonders stimmungsvoll im Herbst und in der Dämmerung.

Das besondere Erlebnis

Keine Iren, sondern zumeist Franzosen waren die Angehörigen des Antoniterordens, der in Memmingen eine seiner ersten deutschen Niederlassungen hatte. Die Mönche widmeten sich speziell der Bekämpfung des sogenannten Antoniusfeuers, einer im Hochmittelalter weit verbreiteten Krankheit, die durch mit dem Mutterkornpilz verunreinigtes Getreide und Mehl verursacht wurde. Mit der voranschreitenden Eindämmung der Seuche – auch durch die Antoniter selbst – verschwand der Einfluss des einst weit verbreiteten Ordens; größtenteils gingen die Klöster in der Reformationszeit unter, so auch in Memmingen. Die Gebäude und die dazugehörige Kirche blieben allerdings erhalten – und damit der größte noch existierende Bau der Antoniter weltweit. Ein Museum im Antonierhaus erinnert an die Geschichte des Ordens und ihres Memminger Hauses. Weitere Informationen unter www.memmingen.de

17

VEREINSAMT

Die Katharinenkapelle und ihr Mesnerhaus in Mindelheim

Mindelheim ist reich an Kapellen. Eine davon ist die Katharinenkapelle, die auf unruhige Zeiten in der Stadt zurückgeht, über der sie sich hoch erhebt. Weniger erhebend ist der Zustand des angebauten Mesnerhauses.

Mindelheim, Landkreis Unterallgäu (MN), BY **Ort** Memminger Str. 42/44, 87719 Mindelheim **GPS** 48.04538, 10.477038 **Anfahrt** Zug: Bahnhof Mindelheim (RE Lindau-München, RB Mindelheim-Günzburg). Auto: A96, Ausfahrt Mindelheim

Kein Mesner bewohnt mehr das Häuschen an der Katharinenkapelle.

Die Fugger erstritten sich den Besitz Mindelheims.

ZOFF UM MINDELHEIM Georg II. von Frundsberg, Inhaber der Herrschaft Mindelheim, war ein vorausschauender Mann. Als er sein Ende nahen spürte, regelte er rechtzeitig seine Nachfolge und setzte im Frühjahr 1586 ein Testament auf. Da er keine direkten Nachkommen hatte, erdachte er ein kluges Konstrukt, um den Besitz in der Familie zu halten. Er adoptierte Wolf Veit von Maxlrain, einen entfernten Verwandten, der Maria von Schwarzenberg, Frundsbergs Nichte, heiraten sollte, damit der Bestand sippenintern gesichert würde. Als Georg II. schließlich noch im November desselben Jahres starb, erwies sich der hübsche Plan als Luftschloss, denn es gab noch eine dritte Partei, die Interesse an der Mindelheimer Herrschaft zeigte: die Fugger. Die waren längst nicht mehr nur Kaufleute, sondern weit verzweigte Adelige mit nicht wenig Besitz im nördlichen Bayerisch-Schwaben, wobei ein Abkömmling im nahen Kirchheim saß. Und sie hatten einen Vorteil: unglaublich viel Geld. Dem Kaiser hatten sie eine enorme Summe für die Herrschaftsrechte an Mindelheim geboten, sodass dieser nicht widerstehen konnte. Plötzlich war auch der Vater von Maria nicht mehr gewillt, der Heirat zuzustimmen, auch hier waren die Fugger im Spiel. Maxlrain berief sich auf das Testament, Schwarzenberg habe es verletzt, sei somit also raus. Doch alleiniger Herrscher über Mindelheim war Maxlrain damit nicht – einen Teil der Rechte besaßen ja inzwischen die Fugger. Und es kam noch schlimmer für ihn: Maria von Schwarzenberg heiratete endlich, aber, man ahnt es schon: einen Fugger. Ein nettes Handgeld hatte den Vater davon überzeugt, dass Christoph Fugger die bessere Wahl für seine Tochter wäre. Maxlrain geriet schnell in die Defensive: Schwarzenberg hatte vor dem Reichskammergericht gegen seine Ausbootung nach der vermeintlichen Testamentsverletzung geklagt. Nun war es plötzlich Maxlrain, der den letzten Willen nicht geachtet haben sollte. Kaum hatte er sich mit seinem Gegner geeinigt, legte der nach: Schließlich habe man ihn widerrechtlich zwei Jahre von der Herrschaft ausgeschlossen, auch das müsse vergütet werden. Maxlrain stand durch die Prozesse vor der Pleite, wieder gab er nach. Dann starb 1590 der alte Schwarzenberg …

DIE NÄCHSTE RUNDE Maxlrain war damit keineswegs seine Probleme los, sie wurden vielmehr potenziert. Nun war er direkt mit den Fuggern konfrontiert, die das Erbe Schwarzenbergs antraten. Das war ihnen aber nicht genug. Ausführlich wiesen sie Maxlrain nach, warum er seine Ansprüche auf das Erbe gänzlich verwirkt habe. Haupt- und letztlich Alleinerbin sei Maria von Schwarzenberg, nunmehrige Gattin Christoph Fuggers. Wieder gab das höchste Reichsgericht dieser Argumentation größtenteils Recht. Maxlrains Anteil schrumpfte und schrumpfte, ganz im Gegensatz zu seinem Schuldenberg. Für die ihnen vermeintlich bisher entgangenen Ansprüche und den widerrechtlich angeeigneten Besitz stellten ihm die Fugger, immer noch ganz die alten Kaufleute, eine exakte Rechnung: 291 976 Gulden, 20 Kreuzer und 4,75 Heller. Zum Vergleich: Dem Kaiser hatten sie einst für die erwähnten Rechte an Mindelheim 35 000 Gulden geboten – was als vierfach überhöht galt. Natürlich wollte – und konnte – Maxlrain die horrende Summe nicht zahlen. Zwar strebte er weitere Prozesse an, während die Fugger längst de facto allein in Mindelheim herrschten, aber seine Gegner waren zu clever und erprobt in diesen Dingen. Sie verschleppten das Verfahren, das dadurch nur noch teurer wurde. Ihnen konnte das egal sein, Maxlrain nicht. Er gab auf. Aber nicht ohne einen letzten Coup: Er verkaufte seine Ansprüche auf die Herrschaft Mindelheim

Unterhalb der Kapelle ... wartet schon die nächste Kapelle.

1614 an den Herzog von Bayern. Das war, aus Sicht der Fugger, unerfreulich. Statt eines kleinen Adeligen mit Geldproblemen stand ihnen nun ein mächtiger Fürst gegenüber, dem der Erwerb der Herrschaft bestens zupasskäme. Was tun? Weiterklagen. Auch die Kassen eines Herzogs waren nicht unendlich gefüllt, anders als scheinbar die der Fugger. So hätte das weitergehen können, wäre Maximilian von Bayern nicht irgendwann der Kragen geplatzt. Kurzerhand besetzte er 1616 mit einer Truppe von 4000 Mann die Stadt Mindelheim. Der Gewaltstreich erwies sich letzten Endes als das bessere Argument. Zähneknirschend und gegen eine stattliche Abfindung überließen die Fugger 1617 Stadt und Herrschaft Mindelheim dem bayerischen Herzog. Dreißig Jahre nach dem Tod Georgs II. von Frundsberg kehrte Ruhe ein.

HINTERLASSENSCHAFTEN DER FUGGER

Die nie wirklich unangefochtene Regentschaft der Fugger über Mindelheim währte also, grob gesprochen, nur an die 25 Jahre. In dieser Zeit drückten sie der Stadt gleichwohl ihren Stempel auf. Mögen sie uns im Erbstreit nicht gerade als allzu barmherzig erschienen sein, so waren sie doch zugleich fromme Katholiken, die gerne die religiösen Institutionen Mindelheims förderten, ihre Schenkungen an Kirchen und Klöster waren zahlreich. Auf dem Friedhof ließen sie 1599 die noch vorhandene Kapelle errichten. Maria, das begehrte Heiratsobjekt, hatte ihr eigenes Projekt, ein kleines Gotteshaus auf dem Berg über dem Siechenhaus (siehe unten). 1606 war der Bau fertig, ein Oktogon in bester Lage, geweiht der heiligen Katharina, der Namenspatronin ihrer Mutter und Schwester Georgs II. von Frundsberg, womit sich einmal mehr der Anspruch auf das Erbe ausdrückte. 1607 kam der Konstanzer Bischof zur Weihe, praktischerweise war er ein Fugger und Marias Schwager Jakob. Bei der

↑ Alles dicht. Die Fenster und …
↗ … die Tür sind fest verschlossen.

Ausstattung ließ man sich natürlich nicht lumpen, zudem wurde direkt an die Kapelle ein Mesnerhaus angebaut. Noch im 17. Jahrhundert wurde die Katharinenkapelle zu einer beliebten Wallfahrtsstätte, später allerdings führte sie ein Schattendasein, ihr Zustand war mehrfach bedenklich. Erst Mitte des 20. Jahrhunderts wurde sie von Grund auf renoviert sowie die kaum noch erkennbaren Deckengemälde komplett erneuert. Weniger gut erging es dem Mesnerhaus, das zeitweilig auch als Gastwirtschaft diente. Der Leerstand macht sich nicht nur am Gebäude selbst deutlich bemerkbar. Da es keine Bewohner mehr gibt, die ein Auge auf die einsam gelegene Kapelle haben können, wurden wertvolle Teile ihrer Ausstattung inzwischen zur Sicherheit in die städtischen Museen verlegt.

Das besondere Erlebnis

Wer sich stadtauswärts durch das Untere Tor hinauf zur Katharinenkapelle begibt, der kommt vorher an zwei ihrer Kolleginnen vorbei. Zum bereits 1360 erwähnten Siechenhaus, wohin die unheilbar Kranken ausgelagert wurden, gehörte die Kapelle Unserer Lieben Frau. Im Kern gotisch, ist sie heute barock geprägt und weist eine prächtige Innenausstattung auf. Am Ende einer kräftig ansteigenden Allee mit Kreuzwegstationen versteht man, warum selbst Christus hier eine Pause einlegen muss. An die Herrgottsruhkapelle von 1718 ist ein Eremiten- und späteres Mesnerhaus angebaut – im Gegensatz zu dem der hier schon sichtbaren Katharinenkapelle ist es allerdings in hervorragendem Zustand.

Nicht zu übersehen:
das Hochhaus am Hang

18

HÜBSCH HÄSSLICH

Das Feierabendheim der Diakonissen in Mindelheim

Anders als das vorherige Mayenbad war das Hochhaus unter dem Katharinenberg noch nie ein Blickfänger im positiven Sinn. Trotz Fassadenkunst hat sich das mit dem Leerstand seit einigen Jahren naturgemäß nicht gerade geändert.

Mindelheim, Landkreis Unterallgäu (MN), BY **Ort** Memminger Str. 22, 87719 Mindelheim **GPS** 48.045662, 10.480102 **Anfahrt** Zug: Bahnhof Mindelheim (RE Lindau-München, RB Mindelheim-Günzburg). Auto: A96, Ausfahrt Mindelheim

EIN APOTHEKER WÜTET Das 1898 erschienene Buch *Der Kneipp-Charlatanismus* war ein Rundumschlag, allein das Titelblatt versprach den geneigten Lesern Aufklärung über »Irrlehren und Widersprüche des Kneippsystems« sowie den »Arzneimittelaberglaube[n]«. Und es wurde nichts ausgelassen, um die noch sehr junge, aber gleichzeitig schon sehr erfolgreiche Heilmethode des Wörishofener Pfarrers Sebastian Kneipp zu diskreditieren. Angefangen beim Ort selbst: Wörishofen, noch weit entfernt vom mondänen Bad, sei ein Kuhdorf mit schlammigen Straßen, mit Misthaufen vor jeder Tür, mit schlechter Luft und noch schlechterer Lage, es gebe keine adäquaten Unterkünfte und wenn, dann wären diese von den vorher dort untergebrachten Gästen, sprich den angereisten Kranken, verseucht. Mit der Angst zu spielen funktioniert immer, und so suggerierte der Autor allerhand Unhygienisches, dass nahelegte, wer nach Wörishofen zur Kur fahre, der komme im Zweifelsfall noch viel kränker nach Hause. Natürlich versäumte er auch nicht, Beispiele und vermeintliche Zeugen zu zitieren, unzufriedene Besucher oder Kritiker wie er selbst. Das Aufblühen des Ortes dank Kneipps Wasserkur sei hauptsächlich kirchliche Geschäftemacherei, Pfarrer sollten bei ihren Leisten bleiben und sich nicht in die Medizin einmischen, die Ärzte, die zur Betreuung hinzugezogen werden, wären Pfuscher oder nicht einmal echte Doktoren. Überhaupt sei die Idee der reinen Wasserkuren absurd, reines Blendwerk und werde nach dem immer gleichen Schema angewendet, völlig unabhängig vom individuellen Bedürfnis der Patienten. Und naturgemäß bekommt der Erfinder des Ganzen am meisten sein Fett weg: Sebastian Kneipp, der sich mit einer plumpen Idee und dem Verschreiben von allerlei nutzlosen Mittelchen eine goldene Nase verdiene, sich zum Herren über Wörishofen aufgeschwungen habe, wo er über ein »katholisches Mekka« ebenso wie über das »durch Suggestion irre gemachte und abergläubige, kranke Publikum« herrsche. Mit seinem Tod werde allerdings der Spuk vorbei sein, stattdessen werde dann im Dorf der »Gerichtsvollzieher von Türkheim« das Sagen haben. Böse Worte also. Geschrieben hatte das Pamphlet Adolf Boneberger, Apotheker in Mindelheim und gleichzeitig Besitzer des dortigen Mayenbads.

IM MAYENBAD Dieses hatte er 1878 erworben, 1887 führte er dort eine neue Methode ein: die Kneipp'sche Wasserkur. Bonebergers Haus war eine der ersten Kneippanstalten des Landes überhaupt, versehen mit dem persönlichen Segen des Wörishofener Pfarrers und medizinisch betreut von einem seiner frühesten Unterstützer. Kneipp liebäugelte damals mit dem Aufbau seines Kursystems in Mindelheim, die Stadt hatte an sich wesentlich günstigere Voraussetzungen als das Dorf nebenan – die Kritik an den frühen Zustän-

Klassische Betonarchitektur – eher nicht individuell

Still ist es
im äußeren Treppenhaus.

den in Bonebergers Pamphlet war nicht völlig aus der Luft gegriffen – etwa bessere Unterkunftsmöglichkeiten und eine gute Anbindung. Doch außer bei Apotheker Boneberger hielt sich das Interesse in Grenzen. Der machte dadurch mit den Kneippianern erst einmal gute Geschäfte. Das Mayenbad profitierte von den erwähnten schlechten Unterbringungsmöglichkeiten in Wörishofen, die Gäste logierten in dem angesehen Traditionshaus und fuhren oder liefen nur zu festen Terminen hinüber ins Nachbardorf. Das sogenannte innere Mayenbad (es gab noch ein äußeres in Richtung Oberauerbach, das 1854 allerdings komplett abbrannte), neben einer Quelle errichtet, existierte schon mindestens seit dem 16. Jahrhundert als Badehaus in städtischem Besitz. Der Name bezieht sich auf den Mai als beste Jahreszeit für die Kur, Maienbäder gab – und gibt – es auch andernorts. Immer wieder den neuen Gegebenheiten angepasst, renoviert und später in Privatbesitz, hatte Boneberger seit der Übernahme das Haus auf den modernsten Stand gebracht, sowohl in der Einrichtung als eben auch in der Methodik. Woher also der plötzliche Hass auf seine einstige Geldquelle? Nun, Wörishofen entwickelte sich weiter, Unterkünfte aller Art entstanden, der Ort boomte und wurde zusehends aufgehübscht. Niemand musste mehr extra im Mindelheimer Mayenbad logieren und von dort aus hin- und herpendeln. Boneberger kamen schlicht die Kneippgäste abhanden. Die wütende Generalabrechnung des abtrünnigen Jüngers wird daran eher nichts geändert haben.

HOCH HINAUS 1920 übernahmen die Diakonissen aus Augsburg, eine evangelische Schwesterngemeinschaft, das Mayenbad. Nach dem Zweiten Weltkrieg errichteten sie ein sogenanntes Feierabendheim für ihre älteren Mitglieder, ein sanft beschönigender Ausdruck für eine Altersunterkunft. 1966 entstand dieses siebenstöckige Hochhaus, das Platz für etwa neunzig Seniorinnen bot, hinzu kamen Nebengebäude. Was in jenen Tagen als Ausdruck moderner Urbanität wahrgenommen wurde, gilt heute eher nicht mehr als unbedingt den höchsten ästhetischen Ansprüchen genügend, woran auch die Keith-Haring-artigen Kletterfiguren an der äußeren Feuertreppe nur wenig ändern. Vor allem, da der Bau zusehends durch innere Leere glänzte. Der Nachwuchsmangel bei den Diakonissen führte zum Bewohnerinnenschwund, 1999 zogen die letzten Schwestern aus. Zwischenzeitliche Nutzungen als Schülerwohnheim und Asylunterkunft waren keine Dauerlösung, die allerdings mit dem Verkauf an einen Bewerber greifbar schien, der den gesamten Block sanieren und in Wohnungen umwandeln wollte. Dabei war jedoch wohl nur an hochpreisige Segmente gedacht, was nicht den Vorstellungen der Stadt entsprach, woraufhin das Vorhaben ad acta gelegt wurde. Aktueller Stand ist nun ein baldiger Abriss des Hochhauses, es soll kleineren Wohnbauten Platz machen, die familiengerechter, aber auch bezahlbarer sein sollen, so der Plan. Bestehen bleiben wird der Nebenbau (22a), in dem seit Längerem betreutes Wohnen angeboten wird. Womöglich ist man dort nicht allzu unglücklich über das Verschwinden des großen schattenwerfenden Nachbarn. Denn, wie sich selbst der Mindelheimer Stadtbaumeister in einem Interview für die Lokalzeitung zitieren lässt: Das Mayenbad-Hochhaus ist »nicht gerade das Wahrzeichen von Mindelheim«.

Kunst am Bau
bzw. an der Feuertreppe

Das besondere Erlebnis

Gleich zu Beginn der Memminger Straße (Hausnummer 3), gegenüber der modernen Polizeistation, fällt ein größerer Gebäudekomplex auf, der sich unter anderem durch die runden Ochsenaugenfenster leicht dem Spätbarock zuordnen lässt. Früher wohl ein Meierhof der Jesuiten, ging das Ensemble nach deren Auflösung an das Kloster der Englischen Fräulein über, die es als Gut weiter bewirtschafteten. Den geistlichen Hintergrund deuten nicht nur ein Kreuz auf dem Giebel an, sondern auch eine kleine Hauskapelle im Inneren. 1967 brannte ein Teil des Gutshofes ab und wurde vereinfacht wieder aufgebaut, heute steht er leider zu großen Teilen leer.

19

DRAUSSEN VOR DER TÜR

Pestfriedhöfe

Die Pestwellen während der Jahre des Dreißigjährigen Krieges überkamen die Dörfer oft so schnell und heftig, dass der Platz für die Toten nicht mehr ausreichte. Auch aus Angst vor Ansteckung wurden sie ausgelagert.

Mittelbiberach, Landkreis Biberach (BC), BW; Oy-Mittelberg, Landkreis Oberallgäu (OA), BY; Marktoberdorf, Landkreis Ostallgäu (OAL), BY **Orte** Mittelbiberacher Steige/Biberacher Str., 88441 Mittelbiberach **GPS** 48.091038, 9.759632; Nahe Wanderparkplatz P2, 87466 Oy-Mittelberg **GPS** 47.645204, 10.441232; An der Staatstraße 2008 (Richtung Lengenwang), 87616 Marktoberdorf **GPS** 47.758196, 10.628159 **Anfahrten** Zug: Bahnhof Biberach (RE Lindau-Ulm-Stuttgart); Bahnhof Oy (RB Kempten-Pfronten); Bahnhof Marktoberdorf (RB Kaufbeuren-Füssen). Auto: A7, Ausfahrt Berkheim (weiter auf B312); A7, Ausfahrt Oy-Mittelberg; A7, Ausfahrt Kempten (weiter auf B12)

Die Pesttoten wurden möglichst weit außerhalb beerdigt – wie hier in Mittelbiberach.

MITTELBIBERACH In vielerlei Hinsicht ungewöhnlich ist die Geschichte des Pestfriedhofes von Mittelbiberach, heute genau an der Gemeindegrenze des Dorfes zur benachbarten Stadt Biberach gelegen. Es war eine der frühen Pestwellen des 17. Jahrhunderts, die die Dörfer der sogenannten Reichsvogtei trafen, doch der Pfarrer zu Mittelbiberach reagierte 1611 schnell. Er versuchte, die Obrigkeit zu überzeugen, die Toten nicht mehr wie üblich im Ort, sondern bei der außerhalb gelegenen Wallfahrtskapelle zu begraben. Zwar hatte er den zuständigen Ortsherrn schnell auf seiner Seite – er begann sogar noch vor der offiziellen Bestätigung mit dem Ankauf von Grundstücken –, doch weder der Geistliche noch der Adelige rechnete mit dem Widerstand der Betroffenen. Im Örtchen Reute, wo die Pest am heftigsten wütete, waren viele Verwandte der Betroffenen nicht bereit, diese zu isolieren und ihre Toten außerhalb zu verscharren. Selbst die Drohung mit Geldstrafen und die anschließende komplette Abriegelung des gesamten Dorfes führten kaum zur Einsicht – hatte aber den Nebeneffekt, dass die Rate an Pestopfern in Mittelbiberach durch den fehlenden Kontakt vergleichsweise niedrig blieb. Das schnelle Handeln des Geistlichen und des Grundherren hatte hier Schlimmeres verhindert. Leider war dies nur ein Aufschub, während der großen Pestwellen des Dreißigjährigen Krieges, in diesem Fall des Jahres 1635, blieb auch Mittelbiberach nicht verschont. Schätzungen gehen davon aus, dass fast die Hälfte der Bewohner der Seuche zum Opfer fiel, ähnlich verhielt es sich in den Nachbardörfern. Der Pestfriedhof hatte noch einmal Konjunktur, im Anschluss diente er nur mehr für besondere Verstorbene: Unverheiratete und Ortsfremde. Während die benachbarte Wallfahrtskapelle 1810 abgerissen wurde, erlebte der Friedhof zehn Jahre später eine kurze Renaissance. Er wurde zum offiziellen Begräbnisplatz der Gemeinde, bis 1894 ein neuer Gottesacker errichtet wurde. Von da an setzte eine jahrzehntelange Vernachlässigung ein, bis der Pestfriedhof durch verschiedene Instandsetzungsmaßnahmen ab der zweiten Hälfte des 20. Jahrhunderts vor der Einebnung gerettet wurde. Mit seinen kleinen Kapellchen, den vereinzelten Grabsteinen aus dem 19. Jahrhundert und der wiederhergestellten Außenmauer präsentiert sich der einstige Schreckensort heute als hübsche Parkanlage.

Torkapelle
des Mittelbiberacher Pestfriedhofes

ANGST IM ALLGÄU Eine etwas andere Geschichte weisen die im bayerischen Allgäu noch recht häufig anzutreffenden Pestfriedhöfe auf. Ihnen allen gemein ist eine Lage weit außerhalb der Ortschaften, oft noch immer sehr einsam, auch ihr Aufbau ist zumeist ähnlich: eine Bruchsteinmauer, nicht immer im besten Zustand, die eine heute leere Innenfläche umgibt. Ein gutes Beispiel ist der Pestfriedhof zwischen Oy und Mittelberg, der gut versteckt auf einer kleinen Kuppe zwischen den beiden Dörfern liegt. Er entstammt der Pestwelle von 1635, die kurz, aber heftig, viele Allgäudörfer betroffen

↑ Vorderseite der Kapelle im Pestfriedhof Oy-Mittelberg …
↗ … und ihre Rückseite

hatte. Widerstand gegen die Verlagerung der Begräbnisse gab es hier längst nicht mehr, zu groß war die Angst vor Ansteckung, es war schwierig genug, überhaupt Menschen zu finden, die sich des gefährlichen Geschäfts der Totengräber noch annahmen. Die eher geahnte und damals noch nicht gesicherte Vermutung, dass Abstandsregeln – auch zu den Toten – bei der Eindämmung der Seuche helfen könnten, ließ den Transport der Verstorbenen weit außerhalb des Dorfes oder der Stadt (siehe 16) ratsam erscheinen. Zeit und Platz für aufwendige Beerdigungen gab es nicht, wer in diesen Tagen starb, verschwand bestenfalls unter einem Holzkreuz. Dies ist auch der Grund, warum die Pestfriedhöfe heute meist leer erscheinen. Sie wurden nur sehr kurz genutzt, Grabmale gab es nicht, nach ihrer Auflösung wurde der Ort lieber gemieden und blieb oft angstbesetzt. Letzteres führte allerdings wiederum – neben der Lage außerhalb, an die selbst heute keine Neubaugebiete heranreichen – dazu, dass sie erhalten blieben. Nicht selten wurde später, wie in Mittelberg, zum Andenken an die Toten eine kleine Kapelle oder zumindest ein Kreuz inmitten der früheren Kurzzeitbegräbnisstätte errichtet.

INNERHALB VERFALLENER MAUERN In Seeg baute man bereits sehr früh, 1647, eine Kapelle in das ehemalige Geviert des Pestfriedhofes, wohl gleichzeitig aus Dankbarkeit für die überstandene Seuche, worauf der Patron Sankt Rochus hindeutet, aber auch in der Hoffnung auf ein baldiges Ende des Krieges. Liegt der Seeger Gottesacker auf freiem Feld, so ist das Pendant von Vorderburg geradezu perfekt getarnt. Zwar finden sich auch hier die übliche Mauer und eine spätere Kapelle, insgesamt ist das Gelände allerdings bereits Teil des Waldes geworden: Statt Kreuzen ragen innerhalb des einstigen Begräbnisortes hohe Bäume in die Luft. Ganz anders dagegen der Pestfriedhof südlich von Marktoberdorf. Vordergründig scheint er der Behauptung, hier fanden einst nur Schnellbeerdigungen mit wenig Aufwand und ohne dauerhafte Zeugnisse statt, zu widersprechen. Wer hier eintritt, trifft auf zahlreiche kunstvoll geschmiedete Grabkreuze. Es sind Originale, doch entstammen sie nicht nur späterer Zeit, sondern auch den Dorffriedhöfen der Umgebung. Um den Pestfriedhof aufzuwerten und zu dessen (und ihrer) Erhaltung beizutragen, wurden sie im 20. Jahrhundert gesammelt und hier aufgestellt, dazu renovierte man die Mauer und schuf ein neues Tor nach altem Vorbild. Wer beim Wandern durch die Allgäuer Landschaft die Augen aufhält, wird immer wieder auf Pestfriedhöfe in verschiedenen Zuständen stoßen: mal mit Kapelle, mal mit Gedenkstein, mit Kreuz oder Infotafel, mit renovierter Mauer oder nur noch erahnbaren Schuttresten. Neben den genannten finden sich unter anderem weitere Exemplare in Hopferwald-Hopferau, Irsee, Berghof-Buching, Zell bei Füssen, Missen, Petersthal bei Mittelberg und Rettenberg.

Das besondere Erlebnis

Streitobjekt war der Pestfriedhof von Unterreitnau, heute ein Teil der Stadt Lindau, gleich zu Beginn. Während der adlige Ortsherr den Bau befürwortete, weigerte sich das für die Pfarrei zuständige Kloster Isny, sich an den Kosten zu beteiligen. Die Belegung währte nach der Pestzeit auch hier nur kurz und obwohl der Friedhof inzwischen fast leer ist, blieb er doch recht gut erhalten, da er noch über Jahre eine Nachnutzung hatte für Verstorbene, die man im Dorf weiterhin nicht haben wollte: Selbstmörder, Hingerichtete oder Landstreicher. Mehr hierzu im Band *Lost & Dark Places Bodensee.*

Ihren Schrecken haben die Pestfriedhöfe heute verloren.

Zu einer Fabrik jener Tage gehörte immer auch eine stilvolle Besitzervilla.

20

PAPIER IST VERGÄNGLICH

Mochenwangen

Dr. Richard Müller gründete einst am Rande des Dorfes Mochenwangen eine Papierfabrik – mit großem Erfolg. 150 Jahre später ist sie ein Fall für Abbruchunternehmen und selbst Müllers Grabmal ist einsturzgefährdet.

Mochenwangen (Gemeinde Wolpertswende), Landkreis Ravensburg (RV), BW
Ort Fabrikstr. 65, 88284 Wolpertswende-Mochenwangen **GPS** 47.882563, 9.643465; 47.882563, 9.643465 (Bunker) **Anfahrt** Zug: Bahnhof Mochenwangen (RB Friedrichshafen-Aulendorf). Auto: A96, Ausfahrt Leutkirch-Süd oder Kißlegg

FAMILIE MÜLLER Anders als vielleicht zu erwarten, hielt sich die Begeisterung anfangs arg in Grenzen. Die Mochenwanger waren nicht sonderlich überzeugt von dem Vorhaben der Gebrüder Müller, vor Ort eine moderne Papierfabrik einzurichten, allerlei Bedenken machten sich breit. Es war das Jahr 1868, Mochenwangen ein noch sehr überschaubares, von der Landwirtschaft geprägtes Dorf. Die Skepsis mancher Bewohner fußte teils auf durchaus plausiblen Argumenten, etwa der Lage außerhalb des Ortes, weitab von der – immerhin schon vorhandenen – Bahnstation, den ungewöhnlichen Anforderungen der Fabrikbesitzer, die unter anderem Schicht- und Nachtdienst verlangten, aber in nicht geringem Maß spielte auch ein eher irrationales Element eine Rolle. Die Müllers stammten nicht nur von außerhalb – aus der bayerischen Oberpfalz –, sondern waren zudem Protestanten. Ein kaum zu unterschätzender Grund für ein gewisses Misstrauen im damals noch fast rein katholischen Umland. Die Papierfabrik wurde trotzdem errichtet, mit nicht wenig Aufwand, da unter anderem ein Kanal von der Schussen her für die Kraftwerke der Fabrik gegraben werden musste. Die Zurückhaltung der Bevölkerung legte sich ziemlich schnell, bot das Unternehmen doch zahlreiche sichere Arbeitsplätze, insbesondere für viele Menschen, die sich sonst armselig als Tagelöhner oder billige Knechte und Mägde hätten durchschlagen müssen. Und Dr. Richard Müller, nach Ausscheiden seines Bruders 1875 alleiniger Verantwortlicher, erwies sich nicht nur als geschickter Fabrikleiter, sondern auch als Mäzen, der sich für den Ort engagierte. Schon früh gelang es ihm, lukrative Aufträge an Land zu ziehen, er belieferte unter anderem religiöse Verlage (beider Konfessionen) und den Baedeker-Verlag für seine beliebten Reiseführer. Anfangs wurde das Papier noch aus Hadern, also Stoffresten – daher das an sich eine Doppelung ausdrückende Schimpfwort »Haderlump« – hergestellt, später griff man auf den in der Gegend reichlich vorhandenen Rohstoff Holz zurück.

DIE NÄCHSTE GENERATION UND DER ABSTIEG Papierfabriken stellten in jener Zeit eine der aufstrebenden Industriezweige dar – man denke an das benachbarte Baienfurt (siehe 2) –, doch trotz zunehmender Konkurrenz konnte Müller sein Unternehmen dank Anpassung an die jeweils neueste Technik auf Erfolgskurs halten. 1896 aber verstarb er überraschend, der Betrieb ging an seine Witwe über, die ihn ihrem Sohn Ronald und dessen Frau Elise übertrug. Letzterer verdanken wir den Bau der beeindruckenden Jahrhundertwendevilla am Firmengelände, doch war das Ehepaar ansonsten nicht sonderlich geschickt bei der Leitung der Firma, brachte sie jedoch immerhin durch die stürmischen Zeiten des Ersten

Auf wackligen Säulen steht das Grabmal im Minifriedhof.

Weltkrieges. Danach wurde die Lage allerdings immer trostloser: Ronald Müller starb 1919, seine Witwe hatte wenig Interesse an der Führung des Betriebes und noch weniger Talent hierfür und den Söhnen ging es nicht anders. Äußere Umstände – die Inflation 1923, die Weltwirtschaftskrise 1929 – taten ihr Übriges, 1933 musste Konkurs angemeldet werden. Banken übernahmen die Firma, die dadurch wenigstens erhalten blieb und in einem ersten Schritt wurden sämtliche Mitglieder der Familie Müller aus der Verantwortung entlassen. Zwar saß die Papierfabrik auf einem Schuldenberg, ihren Produkten und deren Qualität aber hatte das keinen Abbruch getan, weshalb dem baldigen neuen Besitzer, Otto Schachenmayr, ein Allgäuer, die Konsolidierung gelang. Selbst die Schließung während des Zweiten Weltkrieges, als Papier wenig gefragt und immer stärker rationiert war, konnte er durch ein geschicktes Manöver abwenden: Hierher wurden Arbeiter der gefährdeten kriegswichtigen Friedrichshafener Betriebe ausgelagert. Für sie wurde auch der Bunker hinter dem Firmengelände errichtet, in dem heute Fledermäuse ihr Zuhause haben. Die Ära Schachenmayr endete 1978, als er die Fabrik an einen Schweizer Konzern verkaufte. Gut vierhundert Menschen arbeiteten in Mochenwangen, sie sollten in den nächsten Jahrzehnten noch einige Besitzwechsel erleben, so wurde das Unternehmen zum Beispiel erst finnisch, dann polnisch. Die Auftragslage schien weiterhin gut. »Die Papierfabrik ist eingebettet in die Gemeinde und die Region«, heißt es noch in der Mochenwanger Jubiläumschronik von 1990. »Seit nunmehr 122 wechselvollen Jahren schreibt sie ein Kapitel Gemeindegeschichte. Zuversichtlich blickt die Papierfabrik in die Zukunft, um weiterhin zum Wohlergehen der Menschen der Gemeinde und der Region beizutragen.« Diese Zukunft dauerte nur noch exakt 25 Jahre, dann kam der abrupte Beschluss zur Aufgabe des Betriebes. Die noch immer vorhandenen Wegweiser verweisen auf ein Firmengelände, das längst anders genutzt und teils abgerissen wurde und wird, teils verödet daliegt.

Der Hirsch gehörte zu einem teils verschwundenen Grab.

DER PRIVATFRIEDHOF Dr. Müller war, wie erwähnt, Protestant. Mit ihm kamen schließlich auch weitere evangelische Arbeiter nach Mochenwangen. Es bildete sich eine anfangs sehr kleine Gemeinde heraus, der Müller zunächst Unterkunft in der Fabrik bot und später ein Grundstück in Fabriknähe sowie einen erklecklichen Geldbetrag zur Errichtung eines Gotteshauses überließ. Nachdem Müller 1896, fünf Jahre nach dem Bau der Kirche, verstorben war, schien es nur gerechtfertigt, dass der große Förderer einen eigenen privaten Friedhof direkt am Chor erhielt. Das kleine Gelände war wie ein

Ein Großteil der Firmenbauten ist bereits dem Abrisshammer zum Opfer gefallen.

Park angelegt – ohne Umzäunung – und erhielt ein markantes Grabmal durch einen namhaften Stuttgarter Künstler. Nur ein einziges weiteres Grab gesellte sich zu Müllers Monument hinzu, welches sich allerdings in einem so schlechten Zustand befindet, dass man nur noch vermuten kann, dass es für seinen Sohn Ronald geschaffen wurde, da kunsthistorische Aspekte für eine Entstehung in den frühen 1920er-Jahren sprechen. Es war mit allerlei Tieren geschmückt, von denen heute nur noch ein Hirsch innerhalb der Restbestände abgebrochener Stümpfe im Gras steht. Dem Grabmal des Vaters ergeht es kaum besser, bedenklich wacklig wirken die Säulen, längst ist die vom eigenen Dach bedrohte Büste des Mannes, der Mochenwangen im 19. Jahrhundert prägte wie kein anderer, umgeben von einem hässlichen Bauzaun – so vergänglich wie sein großes Lebenswerk nebenan.

Das besondere Erlebnis

Zum geretteten Lost Place wurde glücklicherweise die alte Kirche von Mochenwangen, einst nur eine 1724 geweihte kleine Loretokapelle, die gut hundert Jahre später zur Pfarrkirche aus- und umgebaut wurde. Durch das neue Gotteshaus von 1904 überflüssig geworden, ging der Bau in der Dorfmitte in die Hände der Fabrikbesitzer Müller über und wurde als Turnhalle und Lagerplatz umfunktioniert, bis sie als beanstandeter Schandfleck und vermeintliches Verkehrshindernis ernsthaft durch Abrissbegehren gefährdet wurde. Bürgerliches Engagement organisierte schließlich die Renovierung um die Jahrtausendwende, sogar die Überreste der barocken Wandfresken konnten teils gesichert werden. Heute ist das frühere Gotteshaus als kultureller Veranstaltungsort ein Schmuckstück Mochenwangens.

21

BAUERNSTERBEN

Der Hof Lohren bei Aulendorf

Auf der Höhe bei Aulendorf liegen einige Weiler und Einzelsiedlungen, war doch die Umgebung der Stadt wie Oberschwaben (und das Allgäu) insgesamt durch Landwirtschaft geprägt. Doch selbst einst stattliche Gehöfte sind nicht vor dem Untergang gefeit.

Multer/Lohren (Stadt Aulendorf), Landkreis Ravensburg (RV), BW
Ort Multer, 88362 Aulendorf **GPS** 47.921522, 9.643405 **Anfahrt** Zug: Bahnhof Aulendorf (RE Stuttgart-Aulendorf, RE Lindau-Stuttgart, RB Friedrichshafen-Aulendorf). Auto: A96, Ausfahrt Aitrach

Repräsentatives Bauernhaus, großzügige Ökonomiegebäude: Lohren

DER NACHBAR So stellt man sich das vor im glücklichen Oberschwaben: Fährt man von Aulendorf über Zollenreute auf dem Landsträßchen in Richtung Mochenwangen (siehe 20), kommt man an einem schmucken Einzelgehöft vorbei, dem Multerhof, in fünfter Generation von der gleichen Familie bewirtschaftet, mit einem einladenden Hofladen, der Selbsterzeugtes und Produkte aus der Region anbietet. Nur umdrehen sollte man sich besser nicht: Auf der anderen Straßenseite liegt ein weiteres Einzelgehöft, Lohren, ebenfalls großzügig angelegt mit Haupthaus und stattlichen Nebengebäuden. Doch der Lohrenhof wirkt wie die Geisterstadtversion seines lebendigen Nachbarn, dort herrscht der Verfall, die Wände zeigen Risse, die Dächer Löcher, aus den zerschlagenen Fensterscheiben wehen die Vorhänge – während sich einsam und unheimlich der Lüftungsventilator des längst verlassenen Stallgebäudes weiterdreht. Womöglich hatten die Kommentatoren des Flächennutzungsplans für Aulendorf bis zum Jahr 2025 auch den Lohrenhof vor Augen, als sie schrieben: »Im Gemeindegebiet Aulendorf wurden zahlreiche Hofstellen in den letzten Jahren aufgegeben. Dies ist eine Folge des gravierenden Strukturwandels in der Landwirtschaft […]. Ein Großteil dieser Hofstellen liegt in den Ortsbereichen. Es gibt kein allgemeingültiges Konzept für eine Umnutzung dieser

↑ Verfall allerorten: Details von der Fassade …
↗ … des Bauernhauses auf der Eingangsseite

nicht mehr landwirtschaftlich genutzten Hofstellen. Es wurde deshalb dieses bauliche Potenzial nicht in die Ermittlung des Flächenbedarfs (Gewerbe/Wohnen) einbezogen. Die jeweiligen Umnutzungen sind Einzelfallentscheidungen, bei denen in den Gemeinden zu beachten ist, dass mit der Umnutzung der Hofstellen immer auch bauliche Veränderungen erfolgen. Dies kann bis zum vollständigen Abriss und völlig veränderter Neubebauung führen.«

GEHEIMNISSE DES LOHRENHOFS Noch steht der Lohrenhof jedoch, er besitzt sogar seine eigene kleine Bushaltestelle. In den Geschichtsbüchern taucht er nur sporadisch auf. Die Oberamtsbeschreibung für Saulgau aus dem Jahr 1829 verrät, dass das Einzel früher auch Salen genannt wurde und der Zehnt des Hofes an den Aulendorfer Pfarrer abzugeben ist. Interessant ist die Statistik: Während die Oberamtsbeschreibung acht Einwohner erwähnt, sind es laut einem Übersichtswerk für das Königreich Württemberg 1838 sieben und einem Ortslexikon von 1863 schließlich nur mehr sechs Einwohner. Die ohnehin niedrige Zahl erstaunt, insbesondere aufgrund der relativen Größe des Anwesens. Bedenkt man, dass für gewöhnlich mehrere Kinder vorhanden waren und auch die Großeltern mit auf dem Hof wohnten, dazu Mägde und Knechte, so stellt sich die Frage, warum nur so wenige Personen auf dem Lohrenhof gelebt haben. Das könnte ein Zeichen von Armut sein, wogegen wiederum, auch wenn die Bauern der Aulendorfer Gegend tatsächlich nicht zu den vermögendsten zählten, das repräsentative Haupthaus spricht, das zwar nicht außergewöhnlich groß, aber immerhin mehrstöckig und teils mit Verzierungen versehen ist. Aber vielleicht stammte es aus besseren Tagen. 1860 taucht der Lohrenhof noch einmal kurz in den Akten auf, laut denen einige Einwohner von Zollenreute gegen Johannes Siegel aus Lohren vor dem Landgericht Ravensburg geklagt hatten. Streitpunkt war die »Wegdienstbarkeit«. Der Ausgang des Prozesses ist unbekannt, ebenso wie die Zukunft des Gehöftes.

Das besondere Erlebnis

Heute ist dies kaum mehr zu glauben, aber Mitte der 1980er-Jahre stand das Schloss Aulendorf, gemeinsam mit der benachbarten Kirche Wahrzeichen und Mittelpunkt der Stadt, kurz vor dem Verfall. Die einstige Residenz der von Königsegg, barock geprägt, aber noch Teile eines mittelalterlichen Vorgängers enthaltend, war von der Grafenfamilie 1941 verkauft worden. Die verschiedenen nachfolgenden Besitzer taten sich mit dem Unterhalt des Gebäudekomplexes schwer, es folgte langer Leerstand, der im Inneren – sich lösende Decken – und Äußeren zu gravierenden Schäden führte. Erst als das Land Baden-Württemberg das Schloss und seine Renovierung übernahm, konnte dem bereits angedachten Abriss Einhalt geboten werden. Inzwischen beherbergt es unter anderem das Rathaus, zudem finden dort wechselnde Ausstellungen statt.

Die Fensterrahmen des Obergeschosses deuten auf ein gewisses Selbstbewusstsein hin.

Wacht heute als Aussichtsturm ganz friedlich über Neuravensburg: der Bergfried

22

SCHWEIZER STADT IM ALLGÄU

Neuravensburg

Burg und Herrschaft Neuravensburg gehörten über Jahrhunderte dem Schweizer Kloster Sankt Gallen. Dazu gehörte eigentlich auch eine Stadt, die jedoch im Mittelalter bereits wieder verschwand.

Neuravensburg (Stadt Wangen im Allgäu), Landkreis Ravensburg (RV), BW
Ort Bodenseestr. 56, 88239 Wangen im Allgäu-Neuravensburg **GPS** 47.637836, 9.756029
Anfahrt Zug: Bahnhof Hergatz (RE Lindau-München) Auto: A96, Ausfahrt Weißensberg

ZWIELICHTIGER COUP MIT FOLGEN »Ist die Katze aus dem Haus, tanzen die Mäuse auf dem Tisch«, besagt das alte Sprichwort und das gilt natürlich besonders, wenn es sich bei der ›Katze‹ um niemand Geringeren handelt als den Kaiser des Heiligen Römischen Reiches Deutscher Nation höchstselbst. Einen solchen gab es nämlich nicht in den Jahren von 1250 bis 1273 und damit keine starke, Aufsicht führende Staatsgewalt. Einer der vielen, die dies ausnutzen sollten, war der an sich wenig bedeutende, niedriggestellte Adelige Heinrich von Ravensburg, der den Versuch unternahm, in der Hierarchie aufzusteigen und sich eine eigene kleine Herrschaft aufzubauen. Ob er die Burg Neuravensburg, nach der er sich fortan benannte, übernahm oder neu erbauen ließ, ist unbekannt, sein Ehrgeiz ging jedoch noch weiter: Um sein neues Territorium einerseits zu sichern und andererseits zukunftsfähig zu machen, gründete er unmittelbar vor seiner Burg eine Stadt, die der Mittelpunkt seines Herrschaftsgebietes werden sollte. Und noch eine weitere Schutzmaßnahme fädelte Heinrich ein: Da damit zu rechnen war, dass es doch irgendwann wieder einen Kaiser geben würde, der womöglich solche Landusurpationen, wie sie Heinrich unternommen hatte, rückgängig machen würde, trug dieser seine Herrschaft einem der mächtigen Fürsten an, wofür er den Abt von St. Gallen wählte. Dieser war nun der offizielle Besitzer der Herrschaft Neuravensburg, übertrug diese aber sofort als Lehen zurück an Heinrich. Alles ziemlich clever eingefädelt, der Coup schien gelungen. Und doch war das ganze risikoreiche Unternehmen ein Schlag ins Wasser, zumindest aus Sicht der Familie Heinrichs. Denn diese endete mit ihm und seiner Gattin, da ihre Ehe kinderlos blieb. Als das Familienoberhaupt Heinrich 1270 starb, fiel die Herrschaft Neuravensburg an den Lehensherren, sprich an die Fürstabtei St. Gallen.

STATT DER STADT Die schien somit der lachende Dritte in dem Konflikt Heinrich von Ravensburg gegen das Kaiserhaus. Da die Abtei ohnehin bereits Besitz in der Gegend hatte, rundete sich dieser mit der Burg und der neuen Stadt perfekt ab. Ganz so einfach war es dann allerdings doch nicht. Die Konflikte, die Heinrich vorausgesehen hatte, traten ziemlich schnell nach seinem Tod ein. Erst einmal waren sie hausgemacht: Es kam zu Kleinkriegen der Sankt Galler mit den benachbarten Grafen von Montfort, dann auch noch untereinander durch Doppelwahlen von Äbten. Und plötzlich gab es mit Rudolf von Habsburg ab 1273 wieder einen starken König, der sich sogleich in die Streitigkeiten einmischte, um buchstäblich verlorenes Terrain wiederzugewinnen. Der Dauerzoff war, wie man sich denken kann, für die Entwicklung der jungen Stadt Neuravensburg alles andere als förderlich. Dabei war die Lage der Burg und der Siedlung, die sich direkt süd-

Die Kellergewölbe wurden restauriert.

westlich auf dem Plateau erstreckte, an sich ziemlich gut gewählt, wichtige Altstraßen führten hier vorbei und dank einer Furt durch die Argen ließ sich der Verkehr hervorragend kontrollieren. Aber die Konflikte der ersten Jahre, die zu mehrfachen bezeugten Zerstörungen des *statli* Neuravensburg führten, hemmten den Ausbau der Siedlung, die sich zwar irgendwann mit einer Mauer umgab, aber wohl nie über bescheidene Ausmaße hinauskam. Ein weiterer Grund hierfür war die relative Nähe der bereits bestehenden Städte Wangen und Lindau, die wenig Interesse an einer aufstrebenden Konkurrentin in der Nachbarschaft hatten. Das alles sprach gegen eine erfolgreiche Etablierung der Stadt auf dem Burgberg, von der wir 1357 das letzte Mal als solche hören. Zu diesem Zeitpunkt war sie allerdings womöglich bereits größtenteils verlassen. Das Gebiet, auf dem sie sich befand, wurde fortan als Alt-Stadt bezeichnet, unten im Tal etablierte sich eine neue kleine Siedlung, gewissermaßen Neu-Neuravensburg, das aber die Stadtrechte nicht übernahm und über den Status eines Dörfchens nicht hinauskam. Besonders bitter für die Fürstäbte von St. Gallen war, dass sie die Herrschaft Neuravensburg zwar nominell behalten konnten, durch die ständigen Auseinandersetzungen aber so finanziell angeschlagen waren, dass sie diese jahrhundertelang verpfänden mussten – ausgerechnet an die ehemals konkurrierenden Städte Lindau und später Wangen.

Das Burggelände dient heute u. a. für Feste.

WEG MIT DER BURG Heute ist von der einstigen Stadt Neuravensburg kein einziges Gebäude mehr vorhanden. Lediglich einige längere Streifen eingefallener Mauerreste auf dem Plateau vor der Burg, insbesondere im Südwesten, werden als Überbleibsel der früheren Stadtbefestigung gedeutet – bislang fehlen leider archäologische Untersuchungen. Die Hagmühle unterhalb des Hügels stammt wohl ebenfalls noch aus städtischer Zeit, dies gilt allerdings nur für den Standort, nicht für die später errichteten Gebäude. Sichtbarster Überrest jener Tage ist somit lediglich noch der Bergfried der Burg – und dies verdanken wir auch nur dem Zufall. 1608 gelang es der Fürstabtei St. Gallen endlich, die Herrschaft wieder vollkommen zu übernehmen. Sie baute die Burg als Amtssitz ihrer wichtigsten Besitzungen nördlich des Bodensees zum repräsentativen Schloss aus, das in den Folgejahren durchaus eine wichtige Rolle spielte. Sobald es Streitigkeiten in der Eidgenossenschaft gab, floh der Abt in seinen Reichsbesitz, und als 1798 die Fürstabtei in der Schweiz aufgelöst wurde, regierte er sein verbliebenes Mini-Territorium vom Allgäu aus. Doch auch hier war mit der Säkularisation bald das Ende gekommen, Neuravensburg fiel nach einigem Hin und Her 1810 endgültig an Württemberg, das Burg und Herrschaft dem Adeligen Johann von Dietrichstein überließ. Nach dessen Tod 1829 wechselte der Ansitz mehrfach den Besitzer, bis 1837 die Genehmigung eintraf, die

↑ Auf dem Weg zur Burg: frommes Denkmal
↗ Eine Holzkonstruktion ermöglicht den Aufstieg im Turm.

Burg komplett abzutragen. Als Baumaterial verschwand das stolze Schloss nach und nach in den umliegenden Dörfern, nur der Bergfried widersetzte sich dank seiner massiven Mauern dem vorgesehenen Schicksal. Hier half schließlich die Natur nach: Wind und Wetter ausgesetzt, stürzte 1896 die Rückwand mit großem Getöse ein. Erst nach der Jahrhundertwende besann man sich auf die Bedeutung der Burg, nun wurde gerettet, was noch vorhanden war, der Turm wurde zur Aussichtsplattform und bald zum geliebten Wahrzeichen. Die Stadt Neuravensburg verschwand im Erdboden, aber die Burgruine endete zum Glück nicht wie noch 1896 befürchtet als »ein formloser Steinhaufen«, sondern ist heute Attraktion für Touristen sowie Einheimische und Mittelpunkt des jährlich stattfindenden Burgfestes.

Das besondere Erlebnis

Nur wenige Kilometer östlich von Neuravensburg, aber bereits auf der bayerischen Seite, findet sich das Dörfchen Wigratzbad mit seiner bundesweit bekannten Gebetsstätte. An ihr scheiden sich bis heute die Geister: Gilt sie den einen als zweifelhafte konservative Brutstätte, so den anderen als heilkräftiger Ort, an dem einst die Jungfrau Maria erschienen sein soll. Die Haltung der Kirche ist ähnlich uneindeutig: Während die Visionen der Gründerin Antonie Rädler offiziell nicht anerkannt sind, so werden die dortigen Einrichtungen gleichwohl von kirchlichen Orden betreut und wurden in der Vergangenheit von hohen Geistlichen geweiht und besucht. Wigratzbad ist wohl buchstäblich eine Glaubens-Sache.

23

LE MASSACRE DE CAMMLACE

Das Schlachtfeld von Oberkammlach

Ein wenig bekanntes, aber blutiges Nachtgefecht hat in und um die Gemeinde Kammlach bis zum heutigen Tag seine Spuren hinterlassen. Dort kämpften Franzosen – gegen Franzosen.

Oberkammlach (Gemeinde Kammlach), Landkreis Unterallgäu (MN), BY
Ort Obere Hauptstr. 27, 87754 Oberkammlach (Gasthof Adler) **GPS** 48.048333, 10.419227 (Gasthof Adler) 48.044564, 10.411085 (Franzosenkreuz) **Anfahrt** Zug: Bahnhof Stetten/Schwaben (RE Memmingen-München). Auto: A96, Ausfahrt Stetten

Die Kapelle St. Sebastian zwischen Unter- und Oberkammlach wurde in das Gefecht hineingezogen.

Die alte Brücke in Oberkammlach war ein entscheidender Schauplatz der Schlacht.

BÜRGERKRIEG IM UNTERALLGÄU Es ist stark zu bezweifeln, dass Angehörige des französischen Hochadels aus teils jahrhundertealten Geschlechtern jemals vorher von Orten wie Erkheim, Dankelsried oder Mindelheim gehört hatten, noch viel weniger darf man vermuten, dass sie sich vorstellen konnten, in einem schwäbischen Dorf namens Oberkammlach ihr Ende zu finden. Doch in den Jahren nach 1789 war für die Elite der französischen Aristokratie ohnehin nichts mehr so wie es vorher war. Was tun nach der Revolution? Wer nicht ohnehin sofort dem Zorn der Republikaner zum Opfer gefallen war, hatte die Möglichkeit, sich auf deren Seite zu stellen, sich auf das gefährliche Spiel des Lavierens einzulassen oder zu fliehen. Einmal im Exil – das Reich unter der Herrschaft der konservativen Habsburger bot sich an – schlossen sich viele Blaublütler, oft erfahrene Militärs, zu Einheiten zusammen, um gegen ihre Landsleute zu kämpfen. Nominell dem österreichischen Kommando unterstellt, handelte es sich zumeist um rein oder zumindest mehrheitlich französische Verbände. Deren Krux: Nicht selten bestanden sie fast ausschließlich aus Offizieren. So auch das sogenannte Condésche Corps, benannt nach dem Herzog von Enghien, Angehöriger eines mit dem Königshaus eng verflochtenen Geschlechts, dessen berühmtester Abkömmling »der große Condé« war, ein direkter Vorfahr des Corpsführers. Die Truppe besaß mehrere Abteilungen, die nur aus aristokratischen Offizieren bestanden, vom Marschall über Generäle zum Leutnant, die nun alle möglichen Positionen einer Armee einnehmen mussten bis hin zum einfachen Soldaten – meist mit dem Privileg, trotzdem ihre angestammte Uniform tragen zu dürfen. Unterstützt wurde die französische Mini-Armee von einigen enthusiastischen deutschen Adeligen, die in deren Reihen kämpften. Insgesamt betrug ihre Stärke etwa 6500 Mann, Infanterie, Artillerie und Reiter.

EINE FATALE KETTENREAKTION Es lief allerdings nicht gut im Jahr 1796 für die Österreicher und die an ihrer Seite kämpfenden Royalisten. Die republikanische Armee unter General Moreau hatte den Rhein im Süden überschritten und war schnell tief in das Reich vorgestoßen. Ziel waren die habsburgischen Stammlande. Rückzug war angesagt, der Lech war als nächste Barrikade ausersehen, doch Condé war zu Ohren gekommen, dass Erzherzog Karl, der österrei-

Im »Adler« ist leider keine Einkehr mehr möglich.

chische Oberbefehlshaber, etwas indigniert gewesen sei über die raschen Ausweichbewegungen der verbündeten Franzosen, die als Nachhut für den Schutz der zurückeilenden Armee dienten. Dies konnte der Corpsführer freilich nicht auf sich sitzen lassen. Er ließ kurzerhand vor Mindelheim stoppen und befahl den Gegenangriff auf die nachgerückten Republikaner – diese hatten bereits Oberkammlach besetzt. Es war der Abend vom 12. auf den 13. August 1796. Condés Plan sah vor, den Ort mit zwei größeren Abteilungen heimlich im Schutz der Dunkelheit nördlich und südlich zu umgehen, um dann gegen das Dorf loszuschlagen. Verschiedene Truppenteile wurden von Unterkammlach bis Sontheim verteilt, um als Reserven und zusätzliche Wachmannschaften zu dienen. Doch nächtliche Angriffe haben ihre Tücken, vor allem für Truppen, die mit der Landschaft nicht im Geringsten vertraut sind. Es war bereits nach Mitternacht, als die royalistische Offensive in Gang gesetzt wurde. Das erste Bataillon geriet viel zu weit nördlich und marschierte in der Dunkelheit trotz der Zuhilfenahme eines kurzerhand rekrutierten heimischen Bauern auf Unterkammlach zu. Ein Bote, der diesen Irrtum korrigieren sollte, galoppierte daraufhin in eine republikanische Vorhut und löste damit vorzeitig das Kampfgeschehen aus. Denn die Maschinerie setzte sich nun unweigerlich in Gang: Nahe Truppenteile hielten die Kampfgeräusche zur Überwältigung der Vorhut für den Beginn zum allgemeinen Angriff, deren Gewehrfeuer machte wiederum die Artillerie glauben, es ginge schon los. Und damit ging es dann auch tatsächlich los. Zum entscheidenden Objekt wurde die alte Brücke über die Kammel, der schmale Übergang wurde heftigst umkämpft. Den Condéern gelang es unter extrem hohen Verlusten, die Brücke, Oberkammlach und die wichtigsten Stellungen um den Ort einzunehmen, doch der hart erfochtene Erfolg erwies sich als äußerst kurzlebig.

NACH DEM MORGENGRAUEN Mit Beginn der Dämmerung musste der Herzog einsehen, dass das nächtliche Gefecht nicht nur enorme Verluste gebracht hatte, sondern seine Position aufgrund der Stärke der gegnerischen Armee – ihr standen gut 28 000 Mann zur Verfügung – nicht zu halten sein würde. Seine verbliebenen Mannschaften kamen nur zögerlich dem Befehl zum Rückzug nach, das letztlich doch noch verlorene Gefecht wurde als gelungene Verzögerung des republikanischen Vormarsches umgedeutet, der den Österreichern Zeit für die Rückwärtsbewegung verschafft hatte. Das war nicht ganz verkehrt, auch auf republikanischer Seite waren die Verluste so hoch, dass vorerst nicht an eine schnelle Verfolgung des Gegners zu denken war. Wohl an die 1200 Soldaten betrugen insgesamt die Verluste an Toten, Verletzten und Gefangenen. Da die Condésche Truppe wie erwähnt aus zahlreichen Adeligen mit hohen militärischen Rängen bestand, von denen nicht wenige den

Tod fanden, darunter Marschälle und Generäle, gilt das Gefecht von Kammlach, *le massacre de Cammlace*, als eine der Schlachten mit den höchsten Verlusten an hochrangigen Militärs. Und so findet sich etwa in der Pfarrkirche ein mehrsprachiger Grabstein, der es sich einerseits nicht verkneifen kann, von »den durch die Revolution verführten« Gegnern zu sprechen, aber andererseits versöhnlich zum Gebet für das »Heile der Seelen aller beider Parteien« auffordert. Auch das sogenannte Franzosenkreuz erinnert an die hier verstorbenen Toten beider Seiten, weitab der Heimat war man nun im Tod wieder vereint. Solcherlei Denkmale und einige gesammelte Kanonenkugeln in Oberkammlach, aber auch Erkheim, erinnern an dieses kaum noch bekannte Gefecht des Ersten Koalitionskrieges, und wie dessen am härtesten umkämpfter Ort, die alte – und sich in bedenklichem Zustand befindliche – Brücke über die Kammel, diese kriegerische Auseinandersetzung überstanden hat.

Das besondere Erlebnis

Wer in Oberkammlach in der Traditionsgastwirtschaft Adler einkehren wollte, der konnte dies noch bis vor Kurzem tun. Nun sind die Spuren des Leerstands aber bereits äußerlich erkennbar, von gesprungenen Fensterscheiben bis zu verdrehten Eingangslampen. Ein Ausweichen auf die benachbarte Landmetzgerei, die im Schaufenster zwar noch eine »Brotzeit« verspricht und mit »Qualität & Frische aus eigener Schlachtung« wirbt, ist leider ebenso vergeblich, wie die sprießenden Büsche vor der Eingangstür verraten. Auch sie ist bereits ein Relikt vergangener Tage. Leider kein Einzelfall in der Region: siehe Kapitel 31.

↓ Feldkreuz in Richtung Unterauerbach

↘ Ungewöhnliches Marterl in der Nähe des Gasthofs Adler

Arkaden im alten Oberstdorfer Friedhof um die Pfarrkirche

24

INFERNO IM ALLGÄU

Konrad Stöcklin, Hexenfinder aus Oberstdorf

Ein einfacher Hirte löste 1586 in Oberstdorf eine Katastrophe aus. Ausgangspunkt war eine bizarre Wette, Endpunkt eine Hexenverfolgung mit weit über zwanzig Opfern.

Oberstdorf, Landkreis Oberallgäu (OA), BY **Ort** Sonthofener Straße (Klausenkapelle), 87561 Oberstdorf **GPS** 47.411311, 10.275182 **Anfahrt** Zug: Bahnhof Oberstdorf (IC, RE Oberstdorf-München). Auto: A7/A980, Ausfahrt Dreieck Allgäu, weiter auf B19

OBERSTDORFER TOTENTANZ 1865 verwüstete ein schwerer Großbrand den Markt von Oberstdorf, der nur ein Drittel der Gebäude unbeschädigt ließ. Ein wohl willkürliches Schicksal, das auch vor kirchlichen Bauten nicht haltmachte. So entging die Klausenkapelle den Flammen, während die nur wenige Meter entfernte Vierzehn-Nothelfer-Kapelle völlig ausbrannte. Mit dem einst als Dank für das Ende der Pestepidemien um 1639 errichteten Bau verschwanden einige nicht unbedeutende Kunstwerke im Inneren, die 1888 endgültig beseitigt wurden, nachdem die Reste nach dem Umbau kurzzeitig ironischerweise sogar als Feuerwehrhaus gedient hatten. Verloren gegangen war damit auch der Oberstdorfer Totentanz, der die Nordwand der Kapelle geschmückt hatte. Dieser war an sich nicht so außergewöhnlich, hatte doch der aus Füssen stammende Maler Gabriel Neckher im Großen und Ganzen lediglich das in seiner Heimatstadt bereits vorhandene Exemplar kopiert. Von dort übernahm er auch eine bedeutende und sehr auffällige Veränderung: Wie der Künstler in Füssen fügte er dem üblichen Personal, das in den Bildern vom Tod abgeholt wurde, vom Papst bis zum Edelmann, vom Greis bis zum Knaben, vom Bauern bis zum Maler selbst, eine Figur hinzu, die früher nicht vorkam. Der Allgäuer Tod holte zusätzlich eine sogenannte Unholdin, eine Hexe. Das Bild schien beeindruckend zu sein: Im Volksmund war nicht länger von der Vierzehn-Nothelfer-, sondern von der Hexenkapelle die Rede. Man hatte Erfahrung in Oberstdorf, denn gut fünfzig Jahre vor Entstehung der Kapelle war es vor Ort zu einer der ersten Hexenverfolgungen in der Region überhaupt gekommen, sie hatte äußerst merkwürdige Anfänge und weitaus katastrophalere Folgen.

EINE WETTE Konrad Stöcklin war einer der Gemeindehirten in seinem Geburtsort Oberstdorf, er hatte mit 18 Jahren diese Aufgabe von seinem Vater übernommen. Für gewöhnlich standen Hirten in der streng geregelten Hierarchie der frühneuzeitlichen Gesellschaft nicht in hohem Ansehen, wie alle Personen, die vergleichsweise mobil und damit suspekt waren, auch wenn dies in jenem Fall eine reichlich eingeschränkte Mobilität war, die sich nur im Umfeld des Dorfes bewegte. Allerdings war Stöcklin Rosshirte, ein Berufszweig, der innerhalb der Hirten das höchste Prestige genoss. Außerdem war die Pferdezucht im Allgäu ein Exportschlager, wer sich um die Tiere kümmerte, stand also in besonderer Verantwortung. Stöcklin

Bis auf wenige Grabmale wurde der Friedhof aufgelöst.

wurde folglich durchaus respektiert, hinzukam, dass Hirten, da sie in der Natur wirkten und mit Krankheiten und Verletzungen, wenn auch von Tieren, zu tun hatten, mangels besserer Alternativen oft in medizinischen Fragen um Rat gebeten wurden. Gleichwohl wäre das Leben Stöcklins wohl kaum bemerkenswert verlaufen und wir würden sicher nie je etwas über einen einfachen Rosshirten aus Oberstdorf erfahren haben, wenn er nicht eines Abends vor Beginn der Fastenzeit 1578 mit seinem Kumpan und Hirtenkollegen Jacob Walch zusammengesessen wäre. Wohl unter nicht wenig Alkoholeinfluss geriet man ins Räsonieren, die ganz großen Themen kamen auf den Tisch, der Tod und das Jenseits. Zu fortgeschrittener Stunde schloss man einen Pakt: Wer von beiden als Erster stürbe, der solle wiederkehren und seinem Freund berichten, wie es denn dort auf der anderen Seite zuginge. Die Einlösung kam schneller als gedacht: Aus unbekannten Gründen starb Jacob Walch kaum eine Woche später. Und er hielt sein Versprechen. Als Konrad Stöcklin nach dem Tod seines Freundes in einer Winternacht im Wald Holz holte, trat ihm dieser gegenüber und warnte ihn: Es ging ihm nicht gut im Jenseits, er hatte zu viel gesündigt, für Jahre war er erst als Wiedergänger auf die Erde verbannt, dann ging es ins Fegefeuer. Konrad solle sich vorsehen, dass es ihm nicht ähnlich erginge. Jacob kehrte mit seinen Mahnungen noch mehrfach wieder, die auf fruchtbaren Boden fielen, denn Konrad änderte sein Leben und wurde dafür belohnt. Statt seines toten Freundes erhielt er bald Besuch von einem Engel, der ihn auf »Fahrten« mitnahm, um dem Hirten Freud und Leid in der anderen Welt zu zeigen. Konrad, der, wie erwähnt, als Rosshirte ohnehin in bestimmten Angelegenheiten gefragt war, erhielt nun noch mehr Zulauf, es sprach sich herum, dass er eine besondere Verbindung zu übernatürlichem Wissen hatte. Beliebt war sein Ratschlag im Falle von Schadenszauber, indem Stöcklin zum Hexenfinder und Experten für Gegenmaßnahmen wurde. Suspekt war er damit offensichtlich niemanden, auch nicht der örtlichen Obrigkeit.

DER DENUNZIANT Im Gegenteil. Auf Veranlassung von Konrad Stöcklin wurde im Sommer 1586 von den zuständigen Stellen, dem Pfleggericht in Sonthofen, Anna Enzensberger festgenommen. Er hatte sie als Hexe denunziert, die verantwortlich sei für Schadenszauber im Ort und sich seiner Behandlung durch Flucht entzogen habe. Die Amtsleute in Oberstdorf waren vorsichtig und fragten lieber bei ihrem Herren, dem Bischof von Augsburg, nach. Der war einverstanden mit der Festnahme der Enzensberger, befahl aber zudem, Stöcklin genauer zu befragen. Als sich erwies, dass dieser sein Wissen von einem vermeintlichen Engel auf nächtlichen Fahrten erhalten hatte – Letzteres ein typisches Kennzeichen hexerischen Wirkens –, geriet er sehr schnell in den Verdacht, ebenfalls mit dem Teufel im Bunde zu sein. Es verwundert kaum, wie schnell sich die Ereignisse hochschaukelten: Während Stöcklin wohl weitere Frauen beschuldigte, benannten diese wiederum den Rosshirten und in der Folge zahlreiche seiner Verwandten als Teilnehmer von Hexentreffen. Ihnen allen dürfte zum Verhängnis geworden sein, dass man mangels eines Experten vor Ort einen ausgewiesenen Fachmann nach Sonthofen holte, Meister Hans von Biberach, dortiger Scharfrichter mit Foltererfahrung. Stöcklin, der die Welle losgetreten hatte, wurde eines ihrer ersten Opfer. So schwer »peinlich befragt«, dass er dies kaum überlebt hatte, wurde er im Januar 1587 mit einer weiteren Frau verbrannt. Meister Hans war offenbar wenig zimperlich, gleich mehrere Beklagte starben bereits in der Haft auf Burg Fluhenstein (siehe 29), nicht wenige weitere landeten – tot oder lebendig – nach und nach auf dem Scheiterhaufen. Erst nach gut 25 Opfern war plötzlich im Jahr darauf wieder Schluss mit den Prozessen. Doch was Stöcklin in Oberstdorf angestoßen hatte, breitete sich buchstäblich wie ein Lauffeuer im Allgäu aus, in den umliegenden Ämtern des Hochstifts Augsburg sowie in den Nachbarherrschaften (siehe 12).

Das besondere Erlebnis

Detailreich und mit viel Hintergrund insbesondere zu den von Konrad Stöcklin in seinen Geschichten von den nächtlichen Ausfahrten verwendeten Mythen und Vorstellungen schildert das Buch *Chonrad Stoeckhlin und die Nachtschar* von Wolfgang Behringer die Geschehnisse in und um Oberstdorf. Obwohl eine Fachstudie, ist das Werk auch für den Laien gut verständlich und lesbar. Behringer zählt zu den Wissenschaftlern, die das überkommene Bild von den Hexenverfolgungen deutlich verändern konnten, weg von Klischeebildern dumpfer kirchlicher Inquisition zu weitaus differenzierteren und fundierteren Erklärungsversuchen, die zahlreiche Faktoren berücksichtigen, welche wie im Fall Stöcklin zu den schrecklichen Ereignissen führten.

↓ Die Klausenkapelle blieb vom Großfeuer verschont.
↘ Die Seelenkapelle mit ihren beeindruckenden Fresken

25

LAGERPROBLEME

Das württembergische Lagerhaus in Ravensburg

Ein markantes Gebäude, ein guter Standort, ein bekannter Architekt. Beste Voraussetzungen für die Neuverwendung eines Ravensburger Symbols? Falsch gedacht.

Ravensburg, Landkreis Ravensburg (RV), BW **Ort** Escher-Wyss-Str. 2, 88212 Ravensburg **GPS** 47.782590, 9.604148 **Anfahrt** Zug: Bahnhof Ravensburg (IC, RE Lindau-Stuttgart, RB Friedrichshafen-Aulendorf) Auto: A96, Ausfahrt Wangen-West, weiter auf B32

Die Lage des Lagerhauses war an sich perfekt – als es noch seinem ursprünglichen Zweck diente.

ABGESPEICHERT »Obst vom Bodensee« ist noch heute eine zugkräftige Werbeformel und wer sich, von welcher Seite auch immer, der oberschwäbischen Metropole Ravensburg nähert, der wird unweigerlich auf Plantagen mit langen Reihen von Apfelbäumen, Rebstöcken, aber auch vermehrt (wieder) Streuobstwiesen treffen. Dies hat eine lange Tradition, ein wichtiges Handelszentrum war die einstige Reichsstadt schon immer, natürlich auch für den lokalen Markt für landwirtschaftliche Produkte, und mit dem Anschluss an die Südbahn 1847 erweiterten sich die Absatzmöglichkeiten zusätzlich. Um noch stärker auftreten zu können, wurde 1882 der Bezirksobstbauverein gegründet, eine Genossenschaft, die zunehmend an Aufgaben und Mitgliedern gewann, im Ersten Weltkrieg sogar im staatlichen Auftrag für die Versorgung mit Obst zuständig war und schließlich 1920 ihren Radius um weitere Anbauprodukte, insbesondere Getreide, erweiterte. Damit entstand allerdings nicht nur ein mächtiger Verband, sondern zugleich ein massives Problem: Es war nicht mehr genug Speicherraum vorhanden. Kurzzeitig mietete man fremde Hallen an, doch die Sehnsucht ging natürlich in Richtung auf ein genossenschaftseigenes großes Lagerhaus. Hierfür fand sich nicht nur eine Mehrheit im Verein, sondern bald ein geradezu idealer Bauplatz, in unmittelbarer Bahnhofsnähe an der Meersburger Brücke und somit mit direktem Gleisanschluss. Als man mit dem in Ravensburg lebenden Gustav Eichler zudem noch einen renommierten Architekten für das Projekt gewinnen konnte, schien alles perfekt zu sein. Doch wir sind inzwischen im Jahr 1922, Eichlers Vorschläge waren beeindruckend, doch wurden sie gewissermaßen täglich teurer. Das lag natürlich nicht an ihm, sondern an der fortschreitenden Inflation. Die Kosten blähten sich von veranschlagten 6,5 auf sagenhafte 400 Millionen

Laderampe auf der Straßenseite

auf, trotzdem ging der Bau innerhalb einer erstaunlich kurzen Zeit über die Bühne, im Sommer 1923 war er bereits bezugsfähig.

MIT VIEL LIEBE Eichler hatte ein sowohl den eigentlich profanen Zwecken – Lagerung und Verwaltung – entsprechendes Gebäude als auch einen architektonisch anspruchsvollen Hingucker erschaffen, der sich gut an das gewachsene Stadtbild Ravensburgs anfügte, obschon es durchaus Kritiker gab, denen der Bau zu monumental ausgefallen war – spöttisch war von einer »Bauernburg« oder dem »Bauerntempel« die Rede. Jedoch bewies auch dies nur, dass es Eichler gelungen war, alles andere als einen langweiligen Zweckbau zu schaffen. In zahlreichen Stockwerken, vom Keller bis in die Böden, waren ausreichend Speicherräume vorhanden, unten in

Architektonischer Schmuck, aber nicht mehr chic

moderner Eisenbetonbauweise, oben in Fachwerk und innen ausgestattet mit aktueller Technik wie etwa motorbetriebenen Aufzügen, Waagen und Verteileinrichtungen. Die Dachkonstruktion des Mitteltraktes erinnerte bewusst an mittelalterliche Speicherhäuser, die Nebenbauten dagegen waren asymmetrisch. Der kleinere Bau im Norden beherbergte weitere Lagerräume, der südliche, verschachtelt und höher, war Verwaltungssitz mit Büros und diente der Familie des Lagerhausdirektors außerdem als Wohnung. Sowohl von der Bahn als auch von der Straße aus war das Gebäude leicht zu erreichen, die breiten Seiten hatten ihre jeweiligen Verladerampen für Güterzüge oder LKW. An sich, so sollte man meinen, ist die weitere Geschichte eines Lagerhauses nicht sonderlich spektakulär, was im Allgemeinen sicher zutrifft, nicht aber für das Ravensburger Exemplar. Dies lag nicht nur daran, dass dessen Architekt Gustav Eichler kurz darauf mit dem Bau des Nürburgrings in der Eifel noch ein weiteres, weithin bekanntes und ungewöhnliches Großprojekt in die Tat umsetzen durfte, sondern an der Rolle, die das Gebäude am Ende des Zweiten Weltkriegs spielte. Bis auf wenige Einzelfälle war Ravensburg von Luftangriffen verschont geblieben, doch je näher das Ende der Kämpfe und damit auch die Front rückte, desto größer schien die Gefahr einer späten Zerstörung der Stadt, die mit der Bahnlinie und einigen Industriebetrieben durchaus nennenswerte Angriffsziele aufwies. Die bisherige Unversehrtheit war somit Menetekel und Glück gleichermaßen. Das Internationale Rote Kreuz jedoch suchte nach einem Standort zur Lagerung von Versorgungsgütern für Kriegsgefangene der Alliierten in Süddeutschland und brauchte hierfür einerseits genügend Platz und andererseits eine intakte Transportmöglichkeit. Die Ravensburger Obrigkeit brachte sich mithilfe hierher versetzter Berliner Behörden ins Gespräch und erhielt tatsächlich den Zuschlag. Das Lagerhaus am Bahnhof, gekennzeichnet mit einem riesigen Roten Kreuz auf dem Dach, wurde zum Speicher für aus der Schweiz herangebrachte »Liebesgaben« an von den Deutschen inhaftierte Soldaten. Für Ravensburg eine Win-Win-Situation: Man machte nicht nur gut Wetter bei den absehbar siegreichen Alliierten, sondern erhielt zugleich Schutz vor den gefürchteten Luftangriffen.

NICHT AUSGEBUCHT Wer das Lagerhaus, das noch des Öfteren seine Bezeichnung wechselte und umgangssprachlich als »WLZ-Gebäude« firmiert, heute betrachtet, der hat den Eindruck, die Stadt hätte dem Gebäude diese rettende Rolle nicht sonderlich gedankt. Selbst die einstige perfekte Lage scheint nun problematisch, kann doch jeder Autofahrer auf der Meersburger Brücke und jeder Zugreisende den traurigen Zustand des weiterhin sehr auffälligen Gebäudes sehen. So ganz stimmt dies aber nicht. Geht man ins Internet, so findet man unter »Speicherhaus Ravensburg« fröhliche Menschen mit Glas in der Hand auf der Terrasse vor dem Haus oder Einblicke in die hübschen Räumlichkeiten im Inneren. Leider sind dies nur virtuelle Träume aus der Zeit, als der Umbau zu einem Businesshotel so gut wie sicher und kurz vor der Verwirklichung zu stehen schien. Über Jahre zog sich diese teils weit fortgeschrittene Vision hin, nachdem das Lagerhaus seinen ursprünglichen Zweck verloren hatte und 2011 unter Denkmalschutz gestellt worden war. Doch die Pläne scheiterten, seitdem wird nach einer alternativen Neuverwendung gesucht. Im Gespräch ist nun der Umzug einiger städtischer Behörden in das alte WLZ-Gebäude. Das wäre schließlich dann doch eine entsprechende Würdigung für diesen einstigen Retter Ravensburgs.

Das besondere Erlebnis

Überquert man vom Lagerhaus kommend die Meersburger Brücke, so trifft man an der Georgstraße auf eine kleine Parkanlage. Es handelt sich um die spärlichen Überreste des einst zu Pestzeiten angelegten Alten Friedhofes, auf dem in seltener Einigkeit ab 1542 evangelische und katholische Ravensburger beerdigt wurden. Mit der Einrichtung des neuen Hauptfriedhofes 1875 verlor er seine Funktion, neue Begräbnisse wurden nicht mehr zugelassen, ab 1925 erfolgte die Auflösung, danach verschwand ein Großteil der Gräber. Geblieben sind neben Teilen der Umfassungsmauer einige Grabsteine vorwiegend des späten 16. Jahrhunderts, die Mitte der heutigen Anlage dominiert ein Kriegerdenkmal von 1878 – da war der Friedhof als solcher bereits Vergangenheit.

Größe und Aussehen des Lagerhauses waren (und sind) imposant.

Aus der Ferne sieht der Bauernhof durchaus intakt aus.

26

EINE KINDSMÖRDERIN?

Schlimme Zeiten in Scheffau

An sich ist das etwas abseits gelegene Scheffau ein Allgäuer Postkartenidyll: Berge, Kirche, Gastwirtschaften. Doch in Vergangenheit und Gegenwart finden sich einige düstere Flecken.

Scheffau (Markt Scheidegg), Landkreis Lindau (LI), BY
Ort Moosweg 22, 88175 Scheidegg-Scheffau **GPS** 47.539938, 9.857996
Anfahrt Zug: Bahnhof Heimenkirch oder Röthenbach (RE Lindau-Kempten-Augsburg)
Auto: A96, Ausfahrt Sigmarszell, weiter auf B308

EINE UNHEILVOLLE AFFÄRE Es ist eine Geschichte, wie sie zu allen Zeiten vorkam und immer noch vorkommt: Eine Frau lässt sich auf einen verheirateten Typen ein, der ihr falsche Hoffnungen macht, sie wird schwanger, er lässt sie sitzen. Aber wir sind im frühen 17. Jahrhundert und zu dieser Zeit hat die ohnehin unschöne Angelegenheit äußerst fatale Folgen. Die Vorgeschichte dagegen ist ebenfalls nicht sonderlich außergewöhnlich: Katharina Zwieseler, aus dem Weiler Riegen stammend, heiratete vergleichsweise spät mit 29 Jahren den Maurer Bartlin Kil und zog zu diesem in seinen Heimatort Scheffau. Kil starb jedoch nach nur neun Jahren Ehe, seine Witwe verdiente sich nun ihren Lebensunterhalt mit Klein- und Heimarbeiten im Dorf, was mühsam war, vor allem, da die allgemeine Lage mit Beginn des Dreißigjährigen Krieges insgesamt schlechter wurde. Sicherheit könnte der Frau eine neue Ehe bringen, was weder ungewöhnlich noch unrealistisch war, offensichtlich waren auch Bewerber vorhanden. Am – aus ihrer Sicht – aussichtsreichsten war eine Verbindung mit dem angesehenen und vermögenden Bauern Melchior Boch, der ihr, nachdem sie bei ihm Arbeit gefunden hatte, ohnehin nachstellte. Haken bei der Sache: Boch war verheiratet, seine Frau allerdings gesundheitlich schwer angeschlagen, ihr Tod schien nur eine Frage der Zeit. Boch malte Katharina Zwieseler eine gemeinsame Zukunft nach dem Ableben seiner Gattin aus, womit er sie endgültig überreden konnte, sich mit ihm einzulassen, ausgerechnet am Karfreitag 1623. Die Konsequenzen des Techtelmechtels zeigten sich nur allzu bald: Katharina wurde schwanger. Boch schien erst fürsorglich, er stellte seine Geliebte fest als Magd am Hof an, doch als das Kind schließlich heimlich geboren wurde, wollte er davon nichts wissen. Katharina stand vor einem Dilemma: Zwar war es ihr offenbar gelungen, die Schwangerschaft vor den Dorfbewohnern zu verbergen, aber das Kind war nun da, jedoch, da es sich um eine vorzeitige Geburt handelte, schwächlich und ohne Unterstützung seitens des Vaters. Es starb nur wenige Stunden später. Boch wollte auch bei der Beseitigung der Leiche nicht helfen, Katharina begrub sie in einer Wiese.

EINE BÖSE WENDUNG Das Kind war tot, die Beziehung zum Bauern beendet, Katharina ihre Arbeit am Hof los. Die Geschichte könnte hier enden, stattdessen wiederholte sie sich – bis zu einem gewissen Punkt. Katharina kehrte an den Hof zurück, Boch erneuerte die Beziehung und seine Versprechen – seine Frau lebte immer noch – eine zweite Schwangerschaft folgte prompt. Doch diese blieb keineswegs unbemerkt. Boch hatte sich mal wieder aus der Verantwortung gezogen, doch im Dorf gingen Gerüchte herum und nun wurde Katharinas Zustand ganz offiziell, durch die amtliche Hebamme,

Ungewollte Einblicke erlaubt dieses Fenster.

festgestellt. Die anstehende Geburt zu verheimlichen war somit nicht mehr möglich, da nach den damaligen Vorschriften dabei weitere Frauen als Zeuginnen anwesend zu sein hatten. Als es soweit war, hatte Katharinas im Dorf lebende Schwester erhebliche Schwierigkeiten, willige Frauen aufzutreiben und auch die Ankunft der in Weiler wohnenden Hebamme zog sich hin. Zu lange: Das Kind war mittlerweile zur Welt gekommen, eine Totgeburt. Katharina konnte bei Ankunft der Frauen nur noch den kleinen Leichnam des Kindes vorweisen, ihr drohte Schlimmes. Aufgrund der Zeuginnen und der anwesenden Hebamme stand sie als Ehebrecherin fest, hinzu kam der Verdacht auf Kindesmord. Sie wäre nicht die Erste, die aus Scham oder Not ein uneheliches Kind getötet hätte, ein Vergehen, das bis ins 18. Jahrhundert häufig war und schwer bestraft wurde. Katharina Zwieseler kam nach Bregenz ins Gefängnis, denn Scheffau war damals habsburgisch, sprich österreichisch. Kindsmord war allerdings ein schwer nachzuweisendes Verbrechen, es wäre für das Gericht kaum zu belegen gewesen, dass Katharinas Version von der Totgeburt nicht stimmte. Doch die Mühe machten sich die Justizbeamten gar nicht: Angeklagt wurde Katharina Zwieseler der Hexerei. Wie es zu diesem erstaunlichen Schwenk kam, ist unklar. Unzweifelhaft dagegen ist, dass die Beschuldigte gestand – unter der Folter. Was sie von sich gab, war wenig überraschend: Sie hätte Geschlechtsverkehr mit dem Teufel gehabt, sich mit diesem mehrfach unter anderem bei Hexentänzen in der Nähe von Lindenberg, Rickenbach und Ellhofen getroffen. Es war das Übliche,

Hier sitzt kein Besitzer mehr.

was die Folterer hören wollten. Außergewöhnlich war nur, dass die Bregenzer Beamten weiteren Verdächtigen nicht nachgingen, selbst Bauer Boch, zwischenzeitlich festgenommen, kam trotz nachweislichen Ehebruchs ungeschoren davon, mit der Auflage, von dem Hexenprozess zu schweigen. Gut möglich, dass in Scheffau nie jemand erfuhr, warum Katharina Zwieseler eigentlich hingerichtet wurde. Am 8. Mai 1626 starb sie durch den Henker in Bregenz.

MOOS SETZT AN Ein anderes trauriges Schicksal verbindet sich mit einem Bauernhof, der außerhalb des alten Dorfkerns liegt. Geht man von der Kirche hoch über die Haslacher Straße und biegt dann in die zweite Querstraße am Sportplatz ein, den Moosweg, so kommt man nach Ende der Siedlung bereits außerhalb zum Moosbauern. Das Anwesen ist älter als seine Nachbarn, aber dafür auch in einem weitaus gruseligeren Zustand. Aus der Ferne ist das noch nicht so gut erkennbar, aber mit größerer Annäherung wird klar, dass hier keine Menschenseele mehr haust. Ein Bild in der Ortschronik dagegen zeigt das Gehöft noch in der Blüte seiner Zeit, voller Stolz präsentieren sich mehrere Generationen der Bauersfamilie P. vor dem Hof, ein Pferd inklusive. Die Schindeln der Fassade weisen noch kräftige Farben auf, die Fenster sind blumengeschmückt. Das Erschreckende des heutigen Zustandes sind weniger die verblassten Farben, die zerbrochenen Fensterscheiben oder dass statt Blumen bereits Gras und Sträucher in den Ritzen wuchern, sondern die vielen Anzeichen der erst kürzlichen Verlassenheit. Durch die gesprungenen Glasscheiben sind moderne Haushaltsgeräte, an der Wand eine Satellitenschüssel und in den Schuppen Handwerkszeug sichtbar. Hier war bis vor kurzem noch Leben. Jetzt herrscht dort Tristesse vor einem Alpenpanorama.

Das besondere Erlebnis

Etwas unterhalb des Dorfes, nahe der Grenze zu Vorarlberg, liegt direkt an der Straße Langen bei Bregenz-Weiler im Allgäu ein seltenes Naturphänomen: ein Gletschertopf. Das brunnenartige Gebilde entstand während der letzten Eiszeit, wobei die genauen Umstände, wie diese fast künstlich wirkenden Löcher im Gestein geformt wurden, unter den Fachleuten noch immer umstritten sind. Erst um die Jahrhundertwende entdeckt, konnte der Scheffauer Gletschertopf knapp vor der Sprengung gerettet werden, heute gibt dort eine Infotafel Auskunft über Herkunft und Entstehungstheorien. Ein kleiner, liebevoll eingerichteter Hofladen nur wenige Meter bergan erhöht zusätzlich die Attraktivität eines Besuches.

Der schleichende Verfall hat auch die Obergeschosse erreicht.

27

FERIENENDE

Das Feriendorf am Kinberg bei Scheidegg

Ferien im Allgäu! Das war das Versprechen der Arbeitskammer für viele Saarländer. Sie hatte für ihre Mitglieder moderne und erschwingliche Bungalows bei Scheidegg errichtet. Heute ist die einstige Ferienanlage ein Geisterdorf.

Scheidegg, Landkreis Lindau (LI), BY **Ort** Ostkinberg 190, 88175 Scheidegg **GPS** 47.595831, 9.840694 **Anfahrt** Zug: Bahnhof Heimenkirch oder Röthenbach (RE Lindau-Kempten-Augsburg) Auto: A96, Ausfahrt Sigmarszell, weiter auf B308.

Bungalows waren einst modern, sehr beliebt und standen zugleich für Urlaubsflair.

AUF NACH SCHEIDEGG! Noch 1995 freute sich das *Jahrbuch des Landkreises Lindau*: »Seit nunmehr 30 Jahren besteht das Familiendorf der Arbeitskammer des Saarlandes, in dessen 34 Bungalows kinderreiche Familien sowie Eltern mit behinderten Kindern aus dem Saarland Ferien machen. Eine bauliche und konzeptionelle Ergänzung steht dort an.« Das war sehr optimistisch gedacht. Die konzeptionelle Ergänzung war das baldige Aus, die bauliche der einsetzende Verfall. Die Idee vom »sozialen Tourismus« war allerspätestens mit der Jahrtausendwende an ihr Ende gekommen. Entstanden war sie in der Wirtschaftswunderzeit. Die Reiselust der Deutschen in jenen Tagen ist inzwischen fast zum Klischee erstarrt, die vollgepackten VW-Käfer und BMW-Isettas auf dem Weg nach Süden gehören zur Rückschau-Folkore auf die 1950er-Jahre. Im Saarland wollte die für Arbeitnehmerbelange gegründete Arbeitskammer nun dafür sorgen, dass nicht nur der Mittelstand, sondern auch der finanziell weniger gut ausgestattete Fabrikkollege oder Bergbaukumpel mitsamt seinen Lieben seine Urlaubssehnsucht ausleben und sich vom harten Arbeitsalltag erholen konnte. 1953 gründete sie das sogenannte Ferienwerk, um für die Mitglieder bezahlbare Urlaubreisen anbieten zu können. Der Einfachheit halber schuf sie hierfür gleich selbst zwei Ferienziele in – nicht nur damals – äußerst beliebten Urlaubsregionen: Erst auf der italienischen Insel Elba, dann ab 1964 in Scheidegg im Allgäu. Die Wahl der Orte war bereits eine Verlockung für viele Saarländer, doch die Arbeitskammer legte mit dem Bau eigener Feriendörfer noch einen drauf: Während das italienische Dörfchen passend mediterran gestaltet war, entstanden außerhalb von Scheidegg am Kinberg moderne über den Hang verteilte Bungalows, die auf der Höhe der Zeit waren, aber sich trotzdem gut in die Hügellandschaft einfügten. Und die Lage war perfekt: Von dort ging der Blick auf eine beeindruckende Alpenkulisse.

Schön einheitlich sollte es sein.

BEI DEN BAYERN Das Internet macht es möglich: Dank der Mediathek des Saarländischen Rundfunkes SR kann man einen originalen Beitrag zur Eröffnung des Feriendorfes (wieder) bewundern. Zunächst sind erst einmal die Honoratioren zu sehen, die hier zur Einweihung mit kirchlichem Segen anreisen. Noch sind nicht alle Bungalows bezugsfähig, aber der Bericht zeigt nicht nur die Vorzüge des künftigen Feriendorfes, sondern ist auch bereits überzeugt, dass diesem ein großer Erfolg bevorstehen wird. Die Verbundenheit mit der örtlichen Bevölkerung und ihrer »so stark ausgeprägten Stammesart« wird betont und auch Schuhplattler und markante Gamsbartgesichter dürfen natürlich nicht fehlen. Manches an dem Fernsehbeitrag wirkt heute etwas kurios, doch dessen Wunsch ging durchaus in Erfüllung. Zehntausende Saarländer nutzten in den folgenden Jahren das Angebot, in den mittlerweile 33 Bungalows

Der Bewuchs macht die Bungalows
fast noch idyllischer – allerdings nur mit Abstand.

mit Vogelnamen ihre Ferien verbringen zu können, dazu kamen ein Gemeinschaftshaus und weitere Freizeitmöglichkeiten auf dem 13,5 Hektar großen Gelände. Erste Probleme zeichneten sich schon mit dem Jahr 1978 ab, die Arbeitskammer verkaufte das Ferienwerk an ein touristisches Großunternehmen, allerdings ohne die beiden Dörfer auf Elba und in Scheidegg. 1990 traf es dann jedoch die italienische Schwester, sie ging in private Hände über, wurde aber immerhin weitergeführt. Anders schließlich in Scheidegg: Als hier im Jahr 2000 das Ende kam, fand sich vorerst niemand, der direkt an die Tradition des Feriendorfes anschließen wollte. Die Zeit der saarländischen Gäste war in jedem Fall endgültig vorbei. Zumindest was die organisierten Fahrten anging. Aber Scheidegg, das als einer der sonnenreichsten Orte Deutschlands gilt und dessen Klima hervorragende Heilwirkung attestiert wird, kennt sich mit Tourismus aus, jährlich über eine halbe Million Gäste sprechen für sich.

WEG MIT DEM FERIENDORF? Man konnte folglich davon ausgehen, dass eine baldige Nachfolgelösung gefunden wird. Zwar mochte die Ausstattung des Feriendorfes etwas in die Jahre gekommen sein, die Anlage an sich mit den gestaffelten niedrigen Häuschen konnte sich, nach einer natürlich notwendigen Renovierung, ganz sicher noch immer sehen lassen. Es verwundert somit auch nicht, dass durchaus Interessenten vorhanden waren, um das Gelände weiterhin touristisch nutzen zu können. Sogar auf Förderung für innovative Konzepte war zu hoffen. Und so tauchten immer mal wieder neue Schlagzeilen auf, die spannende Projekte zur Wiederbelebung des Kinbergdorfes versprachen. Doch die Investoren kamen und gingen, manches Mal sogar in Insolvenz. Manche Idee schien bereits sehr konkret, wenn auch etwas kurios. 2014 – zwei Jahre zuvor hatte die Gemeinde das Gelände übernommen – schlug ein Entwickler den Umbau zum »Öko-Baumhotel nach Feng-Shui« vor, auch dies verlief im Sand. Die Jahre gingen

↓ Die Appartements hatten Vogelnamen zur besseren Unterscheidung.

↘ Der genaue Blick verrät dann doch einiges über den Zustand der Anlage.

ins Land, die Bauten boten nun bestenfalls noch aus der Ferne einen hübschen Anblick, doch ihr Zustand wurde mit jeder verstrichenen Gelegenheit bedenklicher. Örtliche Umweltschützer hatten deshalb einen ganz anderen Vorschlag: Warum das gesamte Gelände nicht einfach renaturieren? Offensichtlich bestand kein weiterer Bedarf für touristische Unterkünfte, so ihre Argumentation, es sei dementsprechend besser, die längst unschöne Hinterlassenschaft abzureißen und sie der Natur zurückzugeben, die hier ohnehin bereits kräftig an der Wiedereroberung arbeite. Der entsprechende Antrag wurde jedoch zweimal abgelehnt. 2018 tauchte schließlich einmal mehr die Hoffnung auf ein neues großes Zukunftsprojekt auf. Doch wer nun, über 20 Jahre nach Schließung, zwischen den Bungalows umher läuft, der bekommt bestenfalls weiterhin gratis das mulmige Gefühl, in der Zeit eingefroren zu sein. Durch die oft zerschlagenen Fensterscheiben fällt der Blick auf wehende Gardinen, Geschirr auf den Tischen, geflieste Badwände und herumstehende Möbel. Man könnte glauben, die letzte saarländische Gastfamilie sei gerade erst abgereist.

Das besondere Erlebnis

Würden heute noch Urlauber das Erholungsdorf bewohnen, hätten sie nur wenige Meter zu gleich zwei Scheidegger Großattraktionen zu laufen: Unterhalb Kinbergs liegen die berühmten Scheidegger Wasserfälle, die sich hier in kleineren und zwei großen Kaskaden ins Tal hinabstürzen. Bei der Gretenmühle findet sich der erst kürzlich erweiterte Reptilienzoo, der heimische und exotische Schlangen, Schildkröten, Krustenechsen und sogar Krokodile, aber auch Amphibien und Spinnen zu bieten hat. Nach der Tristesse des verfallenen Feriendorfes kann man sich also hier beim Anblick von Naturschönheiten wieder etwas erholen. Infos: www.reptilienzoo-scheidegg.com und www.scheideggerwasserfaelle.de

Inzwischen sind mehr Wanderer als Autofahrer im Feriendorf unterwegs.

Bietet noch immer Einkehr am stillgelegten Gleis: die Gaststätte Zum Torfwerk.

28

TROCKENGELEGT

Das Torfwerk Bad Schussenried

Torf war einst ein äußerst gefragter Artikel und im Moor um den Federsee reichlich vorhanden. Der Staat Württemberg ließ dort ein Torfwerk errichten, das sogar ein eigenes Bahnsystem hatte. Geblieben ist davon nur wenig.

Bad Schussenried, Landkreis Biberach (BC), BW **Ort** Torfwerk 25, 88427 Bad Schussenried **GPS** 48.040070, 9.646273 **Anfahrt** Zug: Bahnhof Bad Schussenried (RE Lindau-Stuttgart) Auto: A96, Ausfahrt Aitrach

GEFRAGTE HINTERLASSENSCHAFT Jahrtausendelang durfte der Torf um Schussenried und Buchau friedlich im Boden schlummern, sonderlich interessant war er für die Menschen der Umgebung nicht, es gab reichlich Wälder und diese lieferten den benötigten Brennstoff. Das Hochmoor bei Steinhausen, das Steinhauser Ried, bildete sich durch die fortschreitende Verlandung des Federsees, sporadisch war es zu früheren Zeiten besiedelt worden, wie dort versunkene Funde belegten, doch bis ins 18. Jahrhundert lag das Potenzial des Riedes buchstäblich brach. Die Äbte des Klosters Schussenried begannen erst zum Ende des genannten Jahrhunderts hin mit der langsamen Erschließung des Moores, legten erste Entwässerungsgräben an und ließen kleinere Mengen Torf abbauen. Dies änderte sich schlagartig mit dem neuen Landesherren, dem König von Württemberg, und vor allem mit dem Energieverbrauch der von ihm geförderten Eisenbahn. Jetzt war Torf als Heizmaterial plötzlich heiß begehrt, die oberschwäbischen Riedflächen erregten die Aufmerksamkeit in Stuttgart, denn schließlich war etwa das Steinhauser Ried dank der Säkularisation größtenteils ohnehin schon in staatlichem Besitz. Und die wichtigste Bahnlinie des Landes, die Südbahn, war nicht weit entfernt, auch wenn der Bahnhof Schussenried deutlich außerhalb des Ortes lag. Die Voraussetzungen für einen Abbau unter staatlicher Aufsicht waren folglich gut, sodass 1855 eine Riedgenossenschaft gegründet wurde, die sich um die Entwässerung kümmern sollte. Im Jahr darauf entstand die »Staatliche Torfmeisterei«, eine der Finanzkammer unterstellte Behörde, später übernahm der Forst die Verantwortung. Die Torfgewinnung konnte beginnen, doch sie war mühsam: Das Ausstechen per Hand war Schwerstarbeit und ging zudem in überschaubarem Tempo voran, das Trocknen an der Luft – die Torfziegel lagen hierfür auf den Wiesen – war ebenfalls zeitraubend. Verbesserungen traten mit der Anschaffung einer ersten Torfmaschine 1879 ein, nur wenige Jahre später folgte die zweite.

DAS TORFWERK Damit begann die Professionalisierung des Torfabbaues im Steinhauser Ried. Für die zweite Maschine wurden mehr Arbeitskräfte nötig, die extra in Italien angeworben wurden. Zugleich wurden Gebäude errichtet, wie 1885 am östlichen Rand im Unteren Ried das staatliche Torfwerk, das relativ schnell erweitert wurde. Unterkünfte und Kantine für die Arbeiter und die »Torfstreufabrik« selbst entstanden, dazu ein Kesselhaus und Schuppen zur Lagerung. Zudem wurde bald eine dritte Torfmaschine benötigt. 1902 jedoch brannte das gesamte Torfwerk nieder. Der Neubau erfolgte nicht mehr an alter Stelle, sondern südwestlich gelegen an der inzwischen vorhandenen Bahnstrecke Schussenried-Buchau. Nicht nur erhielt man einen eigenen Haltepunkt, es konnte von dort sogar ein eigenes Liniensystem durch das Ried abgezweigt werden. Die hauseigene Torfbahn führte durch eine Verladerampe zur neuen Fabrik und erschloss dahinter das Ried auf

Ein letzter Waggon erinnert an die Strecke.

fast zwanzig Kilometer Gleis. Auch das Werk selbst hatte sich noch einmal vergrößert, bestimmend war die Brikettfabrik, doch ringsumher lagen die Häuser der Arbeiter, diverse Lagerhallen, ein eigenes Kraftwerk zur Energieerzeugung, die verschiedenen Gebäude der Torfbahn – Remisen, Lokschuppen, etc. –, dazu kamen Verwaltungsbauten und die Gastwirtschaft an der Haltestelle der Federseebahn. Als 1922 erneut ein Großbrand Teile des Torfwerks vernichtete, baute man es kurzerhand unverändert wieder auf. Das Geschäft mit dem natürlichen Brennmaterial lief noch recht gut, erlebte einen letzten Aufschwung in der kargen Nachkriegszeit, um dann recht bald auszulaufen. Einerseits gingen die Vorräte im Ried zur Neige, andererseits sank die Nachfrage. Mit den 1950er-Jahren kam das Ende des staatlichen Torfwerkes Schussenried. Lösungen für das Gelände mussten gesucht werden. Aus der Brikettfabrik wurde vorerst eine Hühnerfarm, die aufgefüllten Torfgruben sollten für die Landwirtschaft genutzt werden, eine Siedlung entstand, in der Flüchtlinge aus den Ostgebieten einzogen. Doch der sumpfige Boden ließ kaum den Anbau von Gemüse oder Getreide zu, Viehhaltung war das einzig durchführbare Vorhaben, hierfür mussten jedoch erst teure Anpassungen vorgenommen werden. Heute bestimmt ein Kieswerk die Umgebung des Torfwerkes, die einstige Brikettfabrik dominiert – teils renoviert – weiterhin das Areal, wohingegen die Stümpfe der Verladerampe nur noch für Kenner als solche identifizierbar sind. Die Torfbahn ist völlig verschwunden – aber das Gasthaus an der längst ausgedienten Haltestelle existiert noch.

DIE FEDERSEEBAHN Wie erwähnt hatte Schussenried gleich beim Bau der allerersten württembergischen Eisenbahn 1849 einen Bahnhof erhalten, der allerdings das Manko aufwies, weit außerhalb des Ortes zu liegen. Nach langen Diskussionen konnte endlich 1896 eine Schmalspurbahn errichtet werden, die über die Stadt bis nach Buchau führte,

Mitten in der Wiese finden sich die Fundamente der einstigen Verladestation.

mitten im Ersten Weltkrieg wurde sogar eine Verlängerung bis nach Riedlingen und damit der Anschluss an die Donautalbahn vollendet. Für das bald an die Strecke verlegte Torfwerk war das naturgemäß ein Gewinn, doch insgesamt kam das »Buchauer Bähnle« nie so recht ins Rollen, die Fahrgastzahlen waren stets niedrig. Binnen weniger Jahre legte die Bundesbahn in den 1960ern die Strecke Schritt für Schritt still, 1969 stellte sie sogar den Güterverkehr ein. Allerdings blieb ein Teilstück erhalten und wurde sogar zur Normalspur umgebaut: Vom Bahnhof Schussenried bis zur Haltestelle Torfwerk fuhren somit weiterhin Züge. Doch das Torfwerk existierte ja bereits nicht mehr, der Güterverkehr wurde für das Kieswerk aufrechterhalten, das eine eigene Verladestation besaß und auch Eigentümer der Gleise ab Schussenried war. Kurz nach der Jahrtausendwende war jedoch auch hier Schluss. Nur als kurzzeitige Attraktion zur baden-württembergischen Landesausstellung 2003 kehrte die Federseebahn für einige Monate noch einmal zurück: als Miniversion vom Bahnhof bis vor das Klostertor.

Das besondere Erlebnis

Auf dem Gebiet des Riedes und des ehemaligen Torfwerks tummeln sich inzwischen so einige Tiere, die man für gewöhnlich in der Region nicht vermuten würde. Gleich gegenüber der Brikettfabrik findet sich der Hallerhof, spezialisiert auf Dromedare – und die Wüstentiere fühlen sich offensichtlich hier sehr wohl, der Bestand wächst und wächst. Der Hof freut sich über Besuch, neben Veranstaltungen werden auch Spaziergänge mit den Kamelen angeboten, außerdem gibt es zusätzlich einige weitere Exoten zu beobachten, darunter Erdmännchen und Stachelschweine (www.kamelhof-haller.de). Ein Landwirt des Riedes hat hingegen eine Tierart eingeführt, die gleich auf den ersten Blick naheliegender erscheint: Im sumpfigen Umland des Torfwerks weiden nun auch Wasserbüffel.

Renoviertes Gebäude des einstigen Torfwerkes

29

RUINIERTE RUINE

Burg Fluhenstein

Sie hat bewegte Zeiten erlebt, die Burg Fluhenstein nahe Sonthofen. Mehrfach etwa zog sie den Ärger aufständischer Bauern auf sich. Heute muss man sich allerdings eher über ihren bedauernswerten Zustand ärgern.

Sonthofen, Landkreis Oberallgäu (OA), BY **Ort** Burgweg 43, 87527 Sonthofen **GPS** 47.517212, 10.301488 **Anfahrt** Zug: Bahnhof Sonthofen (IC, RE Oberstdorf-München) Auto: A7/A980, Ausfahrt Dreieck Allgäu, weiter auf B19

Die Ruine ragt teilweise noch hoch hinaus, wirkt aber wackelig.

IM KERKER Es war demütigend. Im Jahr 1540 befahl der Pfleger des Fürstbischofs von Augsburg, einen seiner Untertanen, den Jakob Heimenhofer, festzunehmen und ließ ihn auf die Burg Fluhenstein bringen, wo er in Kerkerhaft gesetzt wurde. Ausgerechnet. Denn jener Jakob Heimenhofer hätte sich noch bis vor wenigen Jahren Jakob von Heimenhofen nennen können – und wäre die Geschichte anders verlaufen, säße er auf der Fluhenstein womöglich nicht im Gefängnis, sondern im Herrensaal. Waren es doch seine eigenen Vorfahren, die einst 1361 jene Burg erbaut hatten, in der er nun seines Schicksals harrte. Mit Privilegien konnte er 1540 nicht mehr rechnen, im Gegenteil. Nicht nur hatte sein Geschlecht erst 1477 den Ansitz an den Bischof verkauft und dann nach und nach bis 1511 ihre ohnehin nur noch spärlichen Besitztümer endgültig verloren, nein, es war noch schlimmer gekommen: Der Vater Jakobs, Kleinhans von Heimenhofen, hatte eine Leibeigene geheiratet. Konsequenz daraus war, dass die Leibeigenschaft auch auf die Kinder überging, womit aus dem früheren Adeligen ein Unfreier wurde, der nicht einmal mehr in der Lage war, grundlegende Steuern zu zahlen – der Grund für seine Festnahme. Erst als er sich verpflichtete, die Abgaben nachzureichen, wurde er entlassen. Es war der größtmögliche Tiefpunkt einer einst durchaus erfolgversprechenden Familiengeschichte. Als die von Heimenhofen mit dem Bau der Burg begannen, um ihre ersten Erwerbungen rund um Sonthofen als Mittelpunkt einer neuen Herrschaft zu etablieren, ging dieses Unternehmen an sich einen voraussehbaren Gang: Es gelang, den Besitz in der Region zu erweitern, man stellte sich zudem in den Dienst bedeutender Fürsten, war also auf der richtigen Seite. Doch es folgte bald ein Dilemma: Fast schien der Erfolg zu groß und mit dem Kauf der Herrschaft Hohentann 1413, eigentlich ein bedeutender Schritt, kam es zu einer Teilung des gesamten Gebiets unter den Brüdern. Die jeweiligen neuen Territorien wurden dadurch allerdings geschwächt, die von Heimenhofen gerieten zunehmend in Turbulenzen.

Das Baumaterial trägt nicht unbedingt zur Stabilität bei.

KAMPF UM FLUHENSTEIN Fortan erlebte die Burg Fluhenstein nicht wenige Auseinandersetzungen, ihre Zeit als idyllischer Herrschaftssitz im Allgäu war vorbei. Die berghofische Linie der Heimenhofen mit Sitz auf der Burg hatte nicht nur vermehrt finanzielle Probleme, sie legte sich – ein typisches Phänomen absteigender adeliger Familien im Spätmittelalter – auch noch (oder gerade deshalb) mit ihren Nachbarn und – noch fataler – mit den umliegenden Fürsten an. Ärger mit dem Fürststift Kempten, dem

Hochstift Augsburg oder der Reichsstadt Kempten wurde in Fehden ausgetragen, die wenig überraschend nicht zugunsten der von Heimenhofen ausfielen. Allein, dass man letztlich die Burg und zahlreiche Güter an den Augsburger Bischof verkaufen musste, war also schon ein herber Rückschlag. Der neue Burgherr bestimmte Fluhenstein zum Sitz seines Pflegers und ließ um 1500 an den überschaubaren kleinen Ansitz, der nur aus dem heutigen Südflügel bestand, deutliche Erweiterungen im Westen und Norden anbauen. Die unruhigen Zeiten waren damit keineswegs zu Ende. 1525 eroberten die aufständischen Bauern die Burg, vertrieben den Pfleger und plünderten das Inventar. 1546 taten es ihnen die Truppen des Schmalkaldischen Bundes nach, die Protestanten, die im Krieg lagen gegen den katholischen Kaiser, wurden jedoch ebenso schnell vertrieben wie die Bauern. Die tauchten allerdings ab 1605 wieder mehrfach vor der Burg Fluhenstein auf. Jahrelanger Streit über strenge Vorschriften seitens des Bischofs und über vermeintlich eingeschränkte alte Rechte – damit ein Anliegen der Vorfahren von 1525 aufgreifend – führten zur Bildung einer Landsgemeinde, einer Versammlung der Bauern, die sich nicht mehr dem Willen der Amtsleute beugen wollten, sondern eigene Forderungen aufstellten. Mehrere Dörfer unter der Führung von Oberstdorf und Sonthofen probten den Aufstand, der zwischenzeitlich für den Bischof, aber vor allem für seine Vertreter vor Ort bedrohliche Ausmaße annahm. Der Pfleger auf der Burg war ein besonders lohnenswertes Ziel des Zorns, 1607 drohte die Situation endgültig zu eskalieren. Die Talbewohner gruben der Burg die Wasserversorgung ab und nahmen zu Hilfe eilende Soldaten fest. Doch so zuversichtlich diese Erfolge stimmen mochten, so schnell brach der Aufruhr beim Heranrücken frischer Augsburger Truppen in sich zusammen.

Der Zustand der Ruine stimmt auch den Laien bedenklich.

VERFALL »Für alle, die zum erstenmal in die Sommerfrische nach Sonthofen kommen, wird wohl einer der ersten Spaziergänge sein: hinaus zur Ruine Fluhenstein und dann hinüber zu dem reizenden Kirchlein Berghofen«, so ein Büchlein über die Stadt von 1929. Nun, das Kirchlein von Berghofen lockt noch immer durch seine Lage, sein Alter und seinen wertvollen Schreinaltar aus der Memminger Strigel-Schule, aber ob zeitgenössische Besucher den Weg über die Burg Fluhenstein nehmen, ist mehr als fraglich. Seit Jahren ist die Ruine unzugänglich und gesperrt, leider aus gutem Grund. 1769 waren die augsburgischen Amtsmänner hinunter in das Pflegschloss nach Sonthofen gezogen, das 1945 zerstört und nicht wieder aufgebaut wurde. Die Burg stand somit leer und war wohl bereits in Teilen baufällig. Der bayerische Staat als neuer Landesherr ab 1803 ver-

Die Mauer- und Grabenreste verraten etwas über die einstige Größe der Burg.

kaufte Fluhenstein an einen privaten Besitzer, auf Abbruch, interessant schien folglich nur noch das Baumaterial. Offensichtlich haben die Neueigentümer von diesem recht wenig Gebrauch gemacht, verschwunden sind größtenteils nur die Vorbauten um das frühere Tor, der Rest ragt noch stattlich auf, selbst vom Außenputz existieren noch einige gut erkennbare Überbleibsel. Die Fluhenstein schien also einfach dem Verfall überlassen – und ist dies noch heute. Selbst die Sicherungsmaßnahmen, die das Betreten verhindern sollen, sind eher provisorisch. Der traurige Zustand der Fluhenstein erstaunt eigentlich doppelt: Erstens in einer so stark touristisch geprägten Region wie dem Oberallgäu, zweitens aufgrund der führenden Rolle der Burg, die sie einst für die gesamte Region spielte. So gesehen ähnelt ihr Schicksal wieder dem der Erbauer aus dem Geschlecht der von Heimenhofen: ganz schön heruntergekommen.

Das besondere Erlebnis

Eine ganz andere »Burg« beherrscht heute die Stadt und das Umland – und dies war so gewünscht. Die ab 1934 erbaute »Ordensburg Sonthofen«, entworfen von einem der Lieblingsarchitekten Adolf Hitlers, Hermann Giesler, sollte zur Ausbildung der jungen Partei-Elite dienen. Die Bauten im typisch monumentalen Stil, der die Unterwerfung des Menschen unter die Ideologie repräsentierte, wurden nie komplett fertiggestellt und erfüllten nur zeitweise die ihnen zugedachte Aufgabe. Einen Luftangriff, der Teile Sonthofens zerstörte, überstand ausgerechnet dieser Komplex so gut wie unbeschadet. Nach dem Krieg diente die Nazi-Ordensburg militärischen Zwecken und noch immer ist die Bundeswehr in der kürzlich grundlegend sanierten Generaloberst-Beck-Kaserne aktiv – benannt nach einem der führenden Köpfe des Widerstands vom 20. Juli 1944.

Ausgerechnet mitten auf dem Golfplatz steht eine Fabrikruine.

30

FUSSBALL SPIELENDE KELTEN

Der Goldberg bei Türkheim

Seit der Bronzezeit waren sie alle hier gewesen: Kelten, Römer, Karolinger. Über Jahrhunderte siedelten Menschen auf dem Goldberg, doch mit der Wende zum Hochmittelalter war damit plötzlich Schluss.

Türkheim, Landkreis Unterallgäu (MN), BY **Ort** Ludwigsberg 5, 86842 Türkheim **GPS** 48.072179, 10.639988 **Anfahrt** Zug: Bahnhof Türkheim/Bayern (RE Lindau-Memmingen-München, RB Bad Wörishofen-Türkheim). Auto: A96, Ausfahrt Bad Wörishofen

BEVOR DIE RÖMER KAMEN Besonders auffällig ist der Goldberg am nördlichen Rand von Türkheim an sich nicht, nur gut 20 Meter hebt er sich recht flach vom Wertachtal ab – kein einzelnes Naturmonument in der Landschaft, eher sanft eingebettet. Und doch wollten sie alle hierher, seit der Bronzezeit bis ins hohe Mittelalter war der Hügel fast durchgehend bebaut und befestigt, interessanterweise jedoch suchten sich die jeweils aktuellen Bergbewohner oft verschiedene Plätzchen aus, um ihre Siedlung zu errichten. Dabei trafen die allerersten Gäste eine eher schlechte Wahl. Die Vorteile des Goldberges waren seine Lage am Fluss, denn hier verliefen sozusagen seit Urzeiten wichtige Handelswege, die sich gut überschauen und bewachen ließen, dazu war die Wasserversorgung durch die Wertach und die ihr vom Hügel zufließenden Quellen gesichert. Allerdings gab es nicht selten viel zu viel davon, da der Fluss oft über die Ufer trat. Und so zerstörte er auch die erste Siedlung der Bronzezeit (2200-800 v. Chr.), die auf einer Terrasse vor dem Goldberg angelegt war. Die Wertach war gründlich, die eigentlich wehrhafte Anlage wurde bis auf wenige Spuren komplett davongeschwemmt. Die Nachfolger aus der Hallstattzeit (800-450 v. Chr.) zogen dementsprechend höher hinauf ins hochwassersichere Gelände. Sie befestigten den Goldberg mit einem großen Außen- und einem Innenwall, darin standen Holzhäuser und wohl ein herrschaftlicher Ansitz, wovon bis heute die teils noch gut erkennbaren Gräben geblieben sind. Im Anschluss (sogenannte La-Tène-Zeit) wurde es etwas ruhiger auf dem Goldberg, doch die Kelten hinterließen – wohl um die Zeitenwende – eine ihrer rätselhaften Viereckschanzen auf dem westlichen Hügel. Und zwar in Perfektion. Mit jeweils einer Seitenlänge von gut 22 Metern bildet sie ein riesiges Quadrat. Dieses hat sich bestens erhalten, so gut, dass innerhalb des Walles ein Fußballplatz angelegt wurde, auf dem die Türkheimer lange Zeit ihre Heimspiele austrugen. Die Sportstätte innerhalb der Keltenschanze – auch »Römerschanze« oder »Poenburg« genannt – dürfte ziemlich einmalig sein, der Verein ist allerdings umgezogen, da hier natürlich keine Modernisierungsmaßnahmen vorgenommen werden durften.

DIE RÖMER SIND DA Wann genau sie eintrafen, ist unklar, was den Goldberg angeht, aber die Römer mit ihrem Blick für strategisch perfekte Lagen konnten gewissermaßen gar nicht an dem Hügel vorbei, der direkt an der für sie wichtigen Straßenverbindung von Kempten nach Augsburg lag, den beiden Hauptorten der Provinz Rätien. Spätestens als mit dem Wegfall des Limes zur

Mitte des 3. Jahrhunderts die Sicherung dieser Verbindung noch einmal stark an Bedeutung gewann, wurde die Erhebung zur befestigten Straßenstation wahrscheinlich. Schon vorher war dort wohl nach Aufgabe des Limes eine geschützte zivile Siedlung entstanden, die jedoch um 280 angegriffen und zerstört wurde. In der Folge erbauten die Römer auf dem Goldberg einen mächtigen Burgus, einen hohen, zugleich breiten und bewohnbaren Turm. Dabei blieb es nicht. In den Folgejahren begann der Ausbau zu einer massiven Bergfestung mit enorm dicken Mauern – bis zu 3,5 Meter – und zahlreichen Türmen, vergleichbar den spätantiken Kastellen von Isny oder in der Schweiz (Arbon, Pfyn). Jedoch musste dieser Bau aufgrund eines weiteren Überfalls um 320 unterbrochen werden und als man ihn wieder aufnahm, begnügte man sich für die Vollendung der übrigen Mauern mit einer einfacheren – dünneren und turmlosen – Variante. Die Zeiten wurden jedoch nicht besser, das Militär übernahm immer mehr Aufgaben, aus der Straßenstation *Rostrum Nemaviae* war eine gut befestigte Siedlung geworden, in deren Zentrum die Wehranlage mit Burgus und Mauer stand, die aber auch mit zivilen Häusern umgeben war. An die Feste selbst wurde schließlich noch ein großes, ebenfalls mit kräftigen Mauern versehenes *Horreum* angebaut, ein großer Speicher. Ausgegraben wurde auch ein größeres Gebäude sozusagen mitten im Ort, wohl der Sitz des Befehlshabers, der zugleich die Verwaltung innehatte. Die Truppe setzte sich dabei überwiegend aus Germanen zusammen, die in den Diensten Roms standen. Irgendwann um das Jahr 400 zogen die Soldaten und mit ihnen wohl die meisten Bewohner dann ab.

Bildstock mit modernem Relief am Weg zum Goldberg

KEINER MEHR DA Zunächst bestand offenkundig wenig Interesse an den verlassenen Römerbauten, eine direkte Nachnutzung durch die Alamannen scheint es nicht gegeben zu haben. Die wenigen ostgotischen Funde lassen keine genauen Schlüsse zu, ob zu Zeiten Theoderichs des Großen (6. Jahrhundert) wirklich bereits wieder Leben auf dem Goldberg stattfand. Dies zog wohl erst mit den Karolingern erneut ein, den fränkischen Eroberern des 8. Jahrhunderts. Teils auf den römischen Überresten – sehr zu deren Schaden – teils daneben entstand eine Siedlung, die anfangs nur aus Holzbauten bestand, zu der aber bereits eine Kirche mitsamt Friedhof gehörte. Dass der Ort eine gewisse Bedeutung hatte, also vermutlich Sitz eines lokal mächtigen Adeligen war, zeigt der Umstand, dass die Kirche vergleichsweise früh durch einen Steinbau ersetzt wurde –

↑ Über den Wall führt die Treppe zum Sportplatz.
↗ Ein weiterer Bildstock am Goldberg

keineswegs eine Selbstverständlichkeit in der Zeit um 900. Umso verwunderlicher andererseits, dass wir genau genommen rein gar nichts über diese Siedlung wissen. Obwohl hier eine bedeutende Persönlichkeit residierte, die in der Lage war, eine Eigenkirche zu errichten und diese zudem Pfarrrechte zu besitzen schien – denn es gab einen Friedhof, was nur Pfarrkirchen erlaubt war – ist nichts über die Bewohner bekannt, geschweige denn der Name des Ortes. Nur vermuten lässt sich auch, warum die dauerhafte Besiedelung des Goldberges vor dem Jahr 1000 endgültig beendet war. Naheliegend sind Zerstörungen des Dorfes in den Ungarneinfällen. Im Anschluss lag der Goldberg erst einmal lange brach, auch wenn es insbesondere im 12. und 13. Jh. noch einige vereinzelte Bewohner dort oben gegeben zu haben scheint, wobei es sich um bäuerliche Anwesen aus Holz gehandelt haben dürfte. Danach war für Jahrhunderte Schluss.

Das besondere Erlebnis

Nicht gerade ein antiker, aber ein klassischer Lost Place jüngeren Datums findet sich ebenfalls auf dem Goldberg. In schönem Kontrast zum gepflegten Rasen des modernen Golfplatzes ragen dort die letzten Überreste einer Ziegelei auf, die 1899 hierher verlegt wurde. Mehrfach geschlossen, so nach Kriegsbeginn 1915 und nach der Inflation 1931, wurde sie stets wiedereröffnet, zuletzt 1934, um Material für die Kasernenbauten des Allgäus zu liefern. 1943 brannte sie dann jedoch ab, der Betrieb wurde endgültig aufgegeben, nur wenige der Gebäude wieder aufgebaut. Der Rest blieb Ruine – natürlich aus Ziegelsteinen.

31

ZUSPERRSTUNDE

Verlassene Gasthöfe

Gastfreundliche Wirtschaften gehören mit zum Bild, das man vom Allgäu und Oberschwaben hat, und nicht wenige Gasthäuser besitzen eine lange Tradition. Vor dem Verfall rettet dies aber leider nicht immer, selbst an prominenten Plätzen.

Laupheim, Landkreis Biberach (BC), BW; Memmingen, Stadtkreis Memmingen (MM), BY; Türkheim, Landkreis Unterallgäu (MN), BY

Orte Ulmer Str. 2, 88471 Laupheim **GPS** 48.227658, 9.877672

Ob. Bachgasse 12, 87700 Memmingen **GPS** 47.983210, 10.181380

Alfred-Drexel-Str. 2, 86842 Türkheim (Gasthof zur Eisenbahn) **GPS** 48.045365, 10.621856

Anfahrten Zug: Bahnhof Laupheim-Stadt (RB Ulm-Biberach (Süd)); Bahnhof Memmingen (RE Lindau-Memmingen-München, RE Memmingen-Ulm); Bahnhof Türkheim/Bayern (RE Lindau-Memmingen-München, RB Bad Wörishofen-Türkheim). Auto: A7, Ausfahrt Illertissen; A7, Ausfahrt Memmingen-Süd; A96, Ausfahrt Memmingen-Ost; A96, Ausfahrt Bad Wörishofen

Auch der Anblick des Nachbargebäudes des »Hasen« in Memmingen bietet wenig Attraktives.

LAUPHEIM: HOTEL POST Aktuell ist die »Post« in Laupheim einer *der* Zankäpfel vor Ort, gerade weil ihr Schicksal schon beschlossen scheint. 1839 gelang dem Wirt des »Hirschen« ein Coup, die Poststelle wurde vom »Adler« hierher verlegt und fortan nannte sich sein Gasthof Zur Post. Die Übernahme war eine Prestigeangelegenheit, aber natürlich auch ein lukratives Zusatzgeschäft. Früher die Boten, später die Postkutsche hielten vorwiegend an Gasthäusern, denn hier konnten nicht nur gegebenenfalls die Mitfahrer nächtigen, sondern auch der Bote bzw. Kutscher Rast einlegen, die Pferde gefüttert oder ausgetauscht werden und außerdem erfuhr man nebenher das Neueste von außerhalb. 1599 war der nun ehemalige »Hirschen« erstmals erwähnt worden, seinen neuen Namen behielt er allerdings länger als die damit verbundene Aufgabe. Die Kutschenverbindung via Landstraße fiel mit dem Bahnbau weg, 1864 eröffnete die Post dann ihr eigenes Amt in der Stadt. Das war ein Verlust für das Gasthaus im Zentrum von Kleinlaupheim, den es jedoch mit einer glanzvollen Renovierung in den 1890er-Jahren kompensierte – es präsentierte sich nach Umbau als edle Herberge im Stil des Historismus. In Ansätzen ist dies heute noch erkennbar, selbst nach Jahren des Leerstands. Eine angedachte Wiederbelebung als Hotelbetrieb noch vor wenigen Jahren zerschlug sich, während es ähnlich schlecht um die Hoffnung der örtlichen Volkshochschule steht, in eine renovierte »Post« umziehen zu können. Zwar wurden viele der später für die moderne Gästeunterbringung aus der Endzeit des Hotels stammenden Einbauten zwischenzeitlich ausgeräumt, sogar eine Wiederherstellung des historistischen Dekors im Inneren scheint laut Gutachtern möglich, doch selbige veranschlagen die Kosten hierfür auf gut 9,8 Millionen Euro. Kein Pappenstiel, weshalb der Stadtrat mit großer Mehrheit für den Abriss des Gebäudes votierte. Das letzte Wort ist aber gleichwohl noch nicht gesprochen, eine Bürgerinitiative engagiert sich für den Erhalt und im Frühjahr 2022 konnten die Laupheimer sogar einen Blick ins Innere und auf den Zustand der »Post« werfen. Die Zukunft des markanten Baues mit seinem Festsaal ist entweder düster – oder noch offen.

Hatte Stil: Hotel Post in Laupheim

MEMMINGEN: ZUM GOLDENEN HASEN
Ein prächtiges Gebäude, ein origineller Name, ein idyllisches Plätzchen am Stadtbach und neugestalteten Schrannenplatz im Herzen der Stadt – alles Topvoraussetzungen für ein florierendes Traditionslokal. Noch dazu weist der stattliche Barockbau mit seinem auffällig geschwungenen Giebel einige Besonderheiten auf, ist er doch eines der wenigen kompletten – erhaltenen – Neubauten jener Epoche. Verantwortlich hierfür war ein Spross einer alteingesessenen Memminger Baumeisterfamilie, Johann Georg Knoll, der unter anderem auch für die Umgestaltung der Rathausfassade mit zuständig war. Dass

Architektonisch einer Reichsstadt würdig: der »Goldene Hase«

er aber auf den »Hasen« besonders stolz war, verdeutlicht ein Bildnis Knolls, das im Stadtmuseum gezeigt wird: Neben dem Portraitierten erkennt der Betrachter den Bauplan für das Gasthaus. Wie sehr auch die Auftraggeber zufrieden waren, kann man der lateinischen Inschrift am Haus selbst entnehmen, auch hier wird Knoll genannt – natürlich nach den zukünftigen Besitzern, der wiederum ebenfalls alten Memminger Brauersfamilie Bilgram. Als beliebtes Versammlungslokal spielte der »Hase« immer wieder auch eine Rolle in der Memminger Stadtgeschichte, so war er unter anderem Ende des 19. Jahrhunderts ein wichtiger Treffpunkt der ersten Arbeitervereine und der wiedergegründeten SPD nach der Aufhebung der Bismarck'schen Sozialistengesetze. Später war es eher die Jugend, die vor allem die Möglichkeiten des Hasensaals für ihre Vergnügungen nutzte. So hätte es weitergehen können – und sollen, 2007 wurde der Saal sogar noch einmal renoviert. Kurz darauf war jedoch Schluss, das einst so angesehene und ansehnliche Gasthaus trübt nun als Problemfall den Glanz des restaurierten Schrannenplatzes.

TÜRKHEIM: GASTHOF ZUR EISENBAHN

Die meisten Fahrgäste nehmen den Bahnhof Türkheim auf ihrem Weg nach München – oder umgekehrt an den Bodensee – wohl nur als einen von vielen an der Strecke war. Ein kurzer Stopp, weiter geht es, vom Ort ist ohnehin kaum etwas zu sehen, da er weitab liegt. Eine Ausnahme bilden Kurgäste, die hier nach Bad Wörishofen umsteigen müssen. Sie weisen darauf hin, dass Türkheim mehr ist als nur ein Durchfahrbahnhof, genau genommen handelt es sich um einen echten, wenn auch kleinen und mittlerweile gestutzten Knotenpunkt. Seinen wichtigsten Bahnhof (später sollte noch ein zweiter im Ort hinzukommen) erhielt Türkheim bereits 1874 an der Strecke München-Memmingen-Lindau, doch lag dieser, wie erwähnt, gut drei Kilometer außerhalb des Ortes. Womöglich suchte man damals bei der Streckenlegung bereits die Nähe zu dem durch das Wirken des Pfarrers Sebastian Kneipp aufstrebenden Kurort Wörishofen, der allerdings sogar über fünf Kilometer von der Haltestelle entfernt lag. Doch das Bad florierte und erhielt 1896 sein eigenes Bähnchen. Bayerns erste elektrifizierte Eisenbahn startete am Türkheimer Bahnhof, ab 1908 ging es von hier auch nach Norden, mit der Staudenbahn über Kirchheim und Markt Wald gelang der Anschluss an die Verbindungen in Richtung Ulm und Augsburg. Letztere Strecke ist allerdings inzwischen in der Mitte unterbrochen, auf den verbliebenen Teilstücken findet nur noch Güterverkehr statt. Gleichwohl war – und ist es bedingt noch immer – Türkheim also ein nicht ganz unwichtiger Bahnhof, was sich auch daran zeigte, dass sich um ihn herum abseits des Marktes ein eigener kleiner Ortsteil bildete. In diesem fanden sich gleich mehrere Gaststätten, waren doch die Umstiegs- und Reisezeiten früherer Tage bedeutend länger und ließen Raum für eine gemütliche Pause mit Verköstigung oder machten eine Übernachtung notwendig. Zwei der dortigen Wirtschaften spielten explizit auf diese Funktion an: Die dem Bahnhof direkt gegenüberliegende »Bahnhofs-Restauration«, die unter anderem Namen (»Blitzschwab«) später weiterlebte und das an der Straße nach Bad Wörishofen gelegene Gasthaus zur Eisenbahn, mit einem großzügigen Anbau für Fremdenzimmer. Während dieser, hinter großen Kastanienbäumen schützend verborgen, noch recht intakt wirkt, lässt der Schritt um die Ecke zur Eingangstür leider sofort erkennen, dass der letzte Gast bereits vor längerer Zeit den Schankraum verlassen hat.

Das besondere Erlebnis

Wer durch eine der hübschen Seitenstraßen der Mindelheimer Altstadt, die Kappelgasse, flaniert, dem wird im Schatten des Turmes der Silvesterkirche sicher der große blaue, aber längst verblasste Schriftzug »Bad Wörishofen Löwen Biere« an der Seitenwand eines Gebäudes auffallen. Er verweist auf das einstige Gasthaus Zum Rappen, einen schlichten Barockbau des 18. Jahrhunderts, der seine Vergangenheit als Wirtschaft nicht nur durch die Aufschrift erkennen lässt, sondern auch dadurch, dass diese nun schon etwas zurückliegt: Allerlei Gesträuch hat sich an der Fassade angesiedelt, der Putz zeigt kahle Stellen. Hoffnung dagegen macht das Dach: Es wurde kürzlich saniert. Vielleicht kann man also in Zukunft wieder im Rappen einkehren.

↓ Heute (und immer) geschlossen: »Zur Eisenbahn« in Türkheim

↘ Mit Saal und Gartenanlagen: Die »Post« in Laupheim

Das Hauptwerk hat eine neue Zukunft, auch die Ausrüstungsanstalt?

32

ABRÜSTUNG

Die Ausrüstungsanstalt Wangen

Weben hatte Tradition in Wangen. Mit der Industrialisierung erfolgte schließlich der Aufstieg zum bedeutenden Textilstandort im Allgäu – und mit den Problemen der Branche zur Jahrtausendwende hin dessen Ende.

Wangen, Landkreis Ravensburg (RV), BW **Ort** Isnyer Str. 4/5, 88239 Wangen im Allgäu **GPS** 47.682734, 9.846444 **Anfahrt** Zug: Bahnhof Wangen (RB Hergatz-Kißlegg). Auto: A96, Ausfahrt Wangen-West

WEBEN IN WANGEN Wirtschaftsunion anno 1476: Für viele der oberschwäbischen und Allgäuer Reichsstädte spielte die Leinwandweberei in der Frühen Neuzeit eine bedeutende Rolle, die Produkte wurden in ganz Europa vertrieben und erfreuten sich insbesondere im Mittelmeerraum großer Beliebtheit. Probleme traten allerdings auf, sobald es einmal zu einer Verringerung des heimischen Flachsangebotes kam, etwa durch Ernteausfälle oder Kriege. Ein moderner Wirtschaftsanalyst würde sagen, dass konsequent die Marktgesetze griffen: Um nicht hinter die benachbarte Konkurrenz zurückzufallen, musste die betroffene Stadt nun teuer fremden Flachs einkaufen. Profiteure waren die verschonten Orte: Sie konnten mit ihrem billigeren Flachs weiterproduzieren und zusätzlich überschüssige Bestände zu hohen Preisen loswerden. Um diese Situationen zu vermeiden, die letztlich jede Stadt jederzeit treffen konnte, schlossen sich in genanntem Jahr Lindau, Memmingen, Kempten, Isny, Ravensburg, Leutkirch, Waldsee und Wangen zu einem Bund zusammen, um sich im Falle von Ressourcenmangel gegenseitig zu unterstützen statt auszubeuten. Zu wichtig war die Weberei für die Region. Das blieb noch einige Jahrzehnte so, doch als Wangen 1810 endgültig an Württemberg fiel, war diese glorreiche reichsstädtische Vergangenheit längst Geschichte. Und noch schlimmer: Wirtschaftlich lag die Stadt nun buchstäblich im Abseits, ganz unten im Südosten des neuen Königreiches Württemberg, nur wenige Kilometer von der bayerischen Grenze entfernt. Beim Bau der Südbahn (siehe 20) wurde Wangen nicht berücksichtigt, der nächstgelegene Bahnhof entstand zwar bereits 1853 in Hergatz, lag aber auf bayerischem Gebiet. Er sollte trotzdem für die weitere Entwicklung Wangens eine wichtige Rolle spielen.

DIE SCHWEIZ INVESTIERT Der Bahnhof Hergatz war nämlich eines der Argumente, mit dem die Wangener Stadtväter Ende der 1850er-Jahre eine Gruppe von Schweizer Industriellen nach Wangen locken wollten, wobei allzu viel Überredungskunst – und Subventionen in Form von billigem Baugrund etc. – nicht nötig war, da die aus Schaffhausen stammenden Unternehmer Eduard Widmer und Johannes Blattmann fest gewillt waren, im Allgäu eine moderne Baumwollspinnerei aufzubauen. 1863 war es soweit, die Fabrik war fertiggestellt. Sie befand sich ausschließlich in Schweizer Händen, selbst die Geräte, die Wasserkraft und die Heizung stammten aus der Eidgenossenschaft. Anders als die Stadtoberen war die Bevölkerung anfangs weniger angetan von dem Vorhaben, da Fabrikarbeit als sozial niedrigstehend galt und sich die Wangener, stolze Handwerker und Landwirte, nur bedingt bereitfanden, in dem Betrieb ihr Auskommen zu suchen. Gastarbeiter halfen aus,

Der Schlot markiert weithin sichtbar das Firmengelände.

Blick durchs Guckloch im Tor

um mit gut zweihundert Personen beginnen zu können. Aufgrund anfänglicher Schwierigkeiten, verursacht durch internationale Krisen, aber auch Differenzen in der Führung der Spinnerei, schien kurz vor der Jahrhundertwende bereits wieder das Aus gekommen zu sein, nicht einmal der 1890 erfolgte direkte Bahnanschluss der Stadt verbesserte die Situation. Die ursprünglichen Schweizer Investoren waren längst ausgestiegen, doch ein radikaler Erneuerungskurs der neuen Besitzer Johannes Morf und Christian Fopp riss das Ruder herum. Die auf den neuesten Stand der Technik gebrachte Wangener Spinnerei war endlich auf Erfolgsspur. Nicht nur bei den Maschinen setzte die Führung Maßstäbe, für die stets wachsende Arbeiterschaft wurde um die Fabrik herum eine eigene Siedlung mit allerlei Annehmlichkeiten geschaffen. Im Laufe der nächsten Jahrzehnte entstanden eine Kantine, eine Bäckerei, Arbeiterhäuschen, ein Versammlungssaal, Heime für Kinder und Säuglinge, Unterkünfte für ledige Arbeiterinnen, ein Seniorenheim und dazu zahlreiche Vereine. Es lief recht gut, auch nachdem die Spinnerei sich 1913 mit der Baumwollspinnerei Erlangen, später Baumwollindustrie Erlangen-Bamberg (1927), kurz ERBA, zusammengeschlossen hatte. Die Produktion stieg, selbst die Wirtschaftskrisen der 1920er-Jahre überstand man einigermaßen glimpflich, der Zweite Weltkrieg brachte Einbußen durch Umwidmung des Geländes für Rüstungszwecke, aber die Wirtschaftswunderzeit sorgte für schnelle Erholung. 1953 waren 48,6 Prozent aller Beschäftigten im damaligen Landkreis Wangen in der Textilindustrie beheimatet.

EIN ERFOLGREICHER ABLEGER Seit 1873 hatte an der Oberen Argen bei Sigmanns eine Papierfabrik bestanden, die sich unter wechselnden Besitzern mehr oder minder erfolgreich bis 1917 hielt. Dann kaufte – mitten im Weltkrieg – die Spinnerei das Areal, jedoch natürlich nicht, um dort Papier herzustellen, sondern um Stoffe zu veredeln. »Ausrüsten« nannte man dies. Die Ausrüstungsanstalt Wangen übertraf ihre Mutterfabrik fast noch an Erfolg. Anders als diese wurde sie im Zweiten Weltkrieg nicht geschlossen – und anders als diese hatte sie auch ein längeres Leben. Der Höhepunkt an Beschäftigung in der Nachkriegszeit, als in beiden Betrieben etwa 2000 Menschen ihr Brot verdienten, 700 davon in der Ausrüstungsanstalt, konnte über die immer drängenderen Probleme der heimischen Textilindustrie in den Folgejahrzehnten allerdings nicht hinwegtäuschen. Doch noch schien alles behebbar: Selbst ein fataler Großbrand 1970 in der Aufrüstungsanstalt, kurz nachdem man gerade erst aufwendig modernisiert hatte, war nur ein kurzer Rückschlag, es ging offensichtlich und im wahrsten Sinne des Wortes nahtlos weiter. Doch immer schnellere Wechsel in der Führungsebene, dazu kontinuierlicher Stellenabbau kündigten das Ende der ERBA 1992 bereits an. Die Aufrüstungsanstalt jedoch rettete sich aus der Konkursmasse und existierte als »Neue Textilveredelung Wangen NTW« weiter, nur um das bekannte Spielchen fortzuführen: Andauernde Streichung von Arbeitsplätzen, Besitzerwechsel, schließlich 2015 der Gang in die Insolvenz. Zurück blieb das riesige Firmengelände an der Isnyer Straße mit dem charakteristischen Schornstein, von dem das – nun im städtischen Besitz befindliche – Wasserkraftwerk immerhin noch genutzt wird. Der Rest hofft auf eine wie auch immer geartete Zukunft – hier hat die Mutterfabrik inzwischen ihrer einstigen Ausrüstungsanstalt etwas voraus (siehe »Das besondere Erlebnis«).

Das besondere Erlebnis

Das ursprüngliche Spinnerei-Areal im Südosten wird im Laufe der nächsten Jahre sein Gesicht vollkommen verändern. Schon früher – wie erwähnt – eine Art Stadt neben der Stadt, sollen die noch vorhandenen Hinterlassenschaften der einstigen Industriesiedlung saniert und vor allem in das Gelände der Landesgartenschau 2024 integriert werden. Auch nach deren Ende wird das neue Stadtviertel nachhaltig genutzt werden können. Inspiration für das Wangener Großprojekt war unter anderem die bayerische Landesgartenschau in Bamberg 2012. Sie fand auf dem Gelände des einstigen Mutterkonzerns ERBA statt.

Fabrikbauten verschiedener Epochen prägen die Ausrüstungsanstalt.

33

KLAPPERN GEHÖRT ZUM HANDWERK

Das Leprosenhaus in Bad Wurzach

Siechen- oder Leprosenhäuser dienten einst zur Versorgung der Leprakranken, abgeschottet und weit vor den Städten. Das Bad Wurzacher Exemplar ist nicht nur gut erhalten, es hat auch viel Grausiges erlebt.

Bad Wurzach, Landkreis Ravensburg (RV), BW **Ort** Ravensburger Str. 59, 88410 Bad Wurzach **GPS** 47.905862, 9.883533 **Anfahrt** Zug: Bahnhof Bad Wurzach (RB Aulendorf-Bad Wurzach, nur an Wochenenden im Sommerhalbjahr). Auto: A96, Ausfahrt Leutkirch-West

Ein hübsches Ensemble – trotzdem hätte man hier nicht hingewollt.

IM RIED VERSUNKEN Es war ein Geräusch, das man ansonsten eher nicht so gern vernahm, dieses eigentümliche Klappern – denn es kündigte das Herannahen eines Aussätzigen, eines Leprakranken an. Und diesen, das war schließlich der Sinn des von einer Handklapper erzeugten Geräusches, ging man lieber aus dem Weg, immerhin war die Krankheit hochansteckend. Doch ein Waldburger Graf war nur zu froh, das charakteristische Klipp-Klapp zu hören, war es doch seine Rettung. Er hatte sich im Ried verirrt, war dort eingesunken und sah erschöpft sein letztes Stündlein gekommen. Sein treuer Hund allerdings war davongeeilt und bis zum Leprosenhaus gelaufen, wo er Hilfe holte. Der Graf wurde gerettet – festgehalten ist die Szene auf einer großen Votivtafel in der Kapelle des Siechenhauses. Das Bild stammt aus dem Jahr 1579, ob, wann und wie sich die Episode, wenn überhaupt, abgespielt hat, ist allerdings unklar. Heute ist das Ried ein beschauliches und für Spaziergänge attraktives Naturschutzgebiet, obwohl die Wurzacher in früheren Tagen mutmaßten, die Anfänge ihrer Stadt hätten einst dort gelegen, nur sei diese Siedlung irgendwann auf immer im Moor versunken. Die Gründe hierfür sind wenig schmeichelhaft: Einmal heißt es, der Ort sei aufgrund eines Fluches einer Frau untergegangen, deren Gastrecht man verletzt habe, weil man ihr eine Unterkunft verweigert hatte, an anderer Stelle, auch nicht besser, wird die allgemeine Sündhaftigkeit der Bewohner als Strafgrund genannt. Die dunkelrötliche Färbung des Wassers im Ried soll an die untergangenen Wurzacher erinnern.

ABGESONDERT Geradezu idyllisch wirkt das etwas außerhalb situierte schöne Ensemble von Fachwerkhaus und Kapelle auf einer Anhöhe über Bad Wurzach: der Ort der Rettung für den vermeintlichen Grafen, das Le-

Einfach, aber gleichwohl hübsch: aufgemalte Barockarchitektur

prosenhaus. Doch es ist ein Ort mit nicht minder schauriger Vergangenheit, die sich hier geradezu in kondensierter Form manifestiert. Nun ist ein Leprosen- oder Siechenhaus ohnehin keine heimelige Stätte. Mit dem Auftreten der Lepra in Europa im Mittelalter wurden diese kleinen Spitäler vor den Städten geschaffen, um die Erkrankten in solch einem »Sondersiechenhaus« abzusondern. Wer dort nach Ausstellung eines ärztlichen Gutachtens, des »Beschau-Briefes«, einziehen musste, tat dies, da kaum Aussicht auf Heilung bestand, oft für den Rest seines nicht immer nur noch kurzen Lebens. Ein jeglicher Kontakt zu den Gesunden sollte vermieden werden, Aussätzige mussten, wenn sie das Haus überhaupt verlassen durften, eine bestimmte Kleidung und die erwähnte Klapper tragen, um sich von Weitem bemerkbar zu machen. Umgekehrt wurde ihnen immerhin eine Unterkunft mit einer gewissen, durchaus soliden Grundversorgung geboten. Das Wurzacher Leprosen-

So hervorragend erhalten sind nur wenige Leprosenhäuser.

haus, bereits 1355 erwähnt, gehört heute zu den ältesten Bauten der Stadt, auch wenn es im Barockzeitalter Anfang des 18. Jahrhunderts einige Umbauten erfahren hat. Da die Insassen in einer frommen Stiftung wohnten, aber natürlich keinen öffentlichen Gottesdienst besuchen durften, gehörte dazu immer auch eine Kapelle. Gepflegt wurden die bis zu 15 Insassen – meist waren es weniger – von einer Siechenmagd sowie von den Schwestern des Klosters Maria Rosengarten in Wurzach. Finanziert wurde die Einrichtung über die Leprosenpflege, zu der ebenso die benachbarten Pfarreien beitrugen. Die Plätze waren durchaus begehrt, je mehr der Aussatz an Bedrohung verlor, desto eher wurden auch andere Kranke oder ältere Mitbürger aufgenommen – in seinen letzten Jahren erscheint das Leprosenhaus eher wie eine Art Hospiz. 1782, die Lepra war in Europa sehr selten geworden, verlor es seine ursprüngliche Funktion.

GRAUEN AM LEPROSENBERG Doch der Berg vor der Stadt stand für mehr als nur die Sondersiechen. Abgesehen von den gemiedenen und mit der Angst vor Ansteckung umgebenen Leprosenhausbewohnern befand sich dort zudem lange Zeit der Richtplatz der Stadt. Bis zum Dreißigjährigen Krieg fanden hier regelmäßig Hinrichtungen statt – und nicht zu wenige. Unter anderem kam es zu mehreren Hexenverfolgungswellen in Bad Wurzach. Zugleich verdingte sich der Wurzacher Scharfrichter als Abdecker, er vergrub auf dem Schindanger tote Tiere. Die lagen dann oben auf dem Leprosenberg neben den verscharrten Selbstmördern und Gehenkten, gleich neben dem kleinen Friedhof für die verstorbenen Sondersiechen. Man kann nachvollziehen, dass die Wurzacher den Ort eher mieden und sich allerlei gruselige Geschichten um den Hügel bildeten. Von einem dort lebenden Drachenwesen war die Rede, das sich um die einstige uralte Siechen- oder Otternlinde wand, aber auch von herumgeisternden kopflosen Toten und sogar Tieren. Und der Boden ist noch blutgetränkter als bei Gerichtsstätten üblich. Denn die aufständischen Bauern des Allgäus stellten sich hier in einer Schlacht an Ostern 1525 dem heranrückenden Heer des Truchsess von Waldburg. Zwar waren beide Armeen ungefähr gleich groß – an die 7000 Mann – die Söldner des Schwäbischen Bundes aber natürlich wesentlich erfahrener und vor allem besser ausgerüstet. Und Georg von Waldburg (siehe 7), nebenbei Stadtherr von Wurzach, war ohnehin kein Mann des zimperlichen Vorgehens: Er ließ seine Kanonen ohne zu zögern mitten auf das Bauernheer richten. Als dieses sich in Fluchtbewegung auflöste, ließ er die Bauern durch Reiter Richtung Ried treiben, wo viele von ihnen umkamen. Der Leprosenberg hat also im Laufe der Zeit einiges an schrecklichen Dingen zu sehen bekommen. Nach dem Aus des Siechenhauses mangels Aussätziger Ende des 18. Jahrhunderts wurden hier während der Napoleonischen Kriege kranke und verletzte Soldaten verpflegt – auch sie trugen so gewissermaßen zur Erhöhung des Totenbestandes auf dem Hügel bei. Später hielt die evangelische Gemeinde hier ihre Gottesdienste und heute dient das Leprosenhaus kulturellen Zwecken. Die nach einem Sturm neu gepflanzte Siechenlinde, ein Kriegerdenkmal für österreichische Soldaten und ein sogenanntes Arma-Christi-Kreuz erinnern an die vielen verschiedenen Opfer des Wurzacher Leprosenberges.

Das besondere Erlebnis

Während das »rote Kreuz« auf dem Leprosenberg schon durch seine Farbe auf die blutige Vergangenheit als Richtstätte anspielt, geht das »schwarze Kreuz« etwas unterhalb an der Straßengabelung auf eine tragische Geschichte mit glücklichem Ende zurück. An jener Stelle ist ein Pestkranker verstorben, der sich auf den Weg in die Stadt gemacht hatte. Schlimm für ihn, doch gut für Wurzach, das somit von der großen Pestepidemie der Jahre um 1348 verschont blieb. So will es zumindest die Überlieferung, an die das Kreuz aus dem Jahr 1879 erinnert, wobei es an dieser Stelle schon in entfernter Vergangenheit andere Kreuze gegeben hat.

Gedenktafel für im Kriegslazarett verstorbene österreichische Soldaten

Wirkt düster und verschachtelt, beherbergte aber »Liebesgaben«: das Lagerhaus in Ravensburg (Kapitel 25)

Allein inmitten der Natur:
Argenbrücke bei Isny (Kapitel 8)

REGISTER

IMPRESSUM

Verantwortlich: Claudia Hohdorf
Lektorat: Pamela Scholz
Korrektorat: Christiane Gsänger
Layout: BUCHFLINK Rüdiger Wagner
Covergestaltung: Rudi Stix, Mathias Frisch
Layout- und Reihengestaltung: Mathias Frisch
Kartografie: Bruckmann Verlag GmbH, Heidi Schmalfuß
Repro: LUDWIG:media
Herstellung: Alexander Knoll
Printed in Poland by CGS Printing

Sind Sie mit diesem Titel zufrieden? Dann würden wir uns über Ihre Weiterempfehlung freuen.
Erzählen Sie es im Freundeskreis, berichten Sie Ihrem Buchhändler, oder bewerten Sie bei Onlinekauf.
Und wenn Sie Kritik, Korrekturen, Aktualisierungen haben, freuen wir uns über Ihre Nachricht an Bruckmann Verlag, Postfach 40 02 09, D-80702 München oder per E-Mail an lektorat@verlagshaus.de.

Unser komplettes Programm finden Sie unter www.bruckmann.de

Alle Angaben dieses Werkes wurden vom Autor sorgfältig recherchiert und auf den neuesten Stand gebracht sowie vom Verlag geprüft. Für die Richtigkeit der Angaben kann jedoch keine Haftung übernommen werden, weshalb die Nutzung auf eigene Gefahr erfolgt. Insbesondere bei GPS-Daten können Abweichungen nicht ausgeschlossen werden. Sollte dieses Werk Links auf Webseiten Dritter enthalten, so machen wir uns die Inhalte nicht zu eigen und übernehmen für die Inhalte keine Haftung.
In diesem Buch wird aus Gründen der besseren Lesbarkeit das generische Maskulinum verwendet. Weibliche und anderweitige Geschlechteridentitäten werden dabei ausdrücklich mitgemeint, soweit es für die Aussage erforderlich ist.

Empfehlung der Redaktion Sie sind auf der Suche nach weiterführender Literatur? Dann empfehlen wir Ihnen den Titel »Lost & Dark Places Bodensee« von Benedikt Grimmler.

Bildnachweis Alle Bilder im Innenteil stammen vom Autor.

Umschlagvorderseite: Bergfried Neuravensburg (Kapitel 22)
Umschlagrückseite: Das ehemalige Waldbad bei Baienfurt (Kapitel 2)

Die Deutsche Nationalbibliothek verzeichnet diese Publikation in der Deutschen Nationalbibliografie; detaillierte bibliografische Daten sind im Internet über http://dnb.d-nb.de abrufbar.

ISBN 978-3-7343-2434-5